PALABROS, CURIOSIDADES Y OCURRENCIAS

Juan Manuel Torres Martí

TORRES
EDITORES

© El autor
Edita: Torres Editores
ISBN: 979-13-88021-54-1
Depósito Legal: GR 19-2026
Imprime: Lozano Impresores, S.L.
Distribuye: Torres Editores
            Tel.: 958 80 05 80
            Fax: 958 29 16 15
            info@torreseditores.com
            www.torreseditores.com

ÍNDICE

INTRODUCCIÓN

Recuerdo que uno de mis primeros "palabros" fue el referido a la diosa VENUS. Pensé que si surgían otros similares podría hacer una relación que, con el paso de los años, llegara a ser lo suficientemente numerosa, como para abordar una especie de diccionario y, así, comenzó este 'librito' que, modestamente he conseguido editar con la única pretensión de sacar, al menos, una sonrisa de sus potenciales lectores.

Las ocurrencias, van desde simples comentarios a diversos temas de interés pasando por términos que utilizan los políticos o periodistas, anécdotas de mis nietos o cosas relacionadas con el covid que ha sido la última y única pandemia que hemos sufrido en directo.

Les quiero aclarar que la falta de bibliografía es debida a que los neologismos son todos de mi cosecha y que el resto del contenido del texto se explica por sí mismo. Algunos palabros contienen faltas de ortografía (VEVIENDA, aludiendo a la bebida), espero que el lector me permita esta licencia ya que sería reiterativo mencionar cada una de ellas. Decir también que he procurado, siempre, evitar el plagio sin apropiarme de algún palabro de los que no cito el autor, si lo hubiere, por desconocerlo.

También quiero agradecer a mi familia y en especial a mis hijos y nietos su cariñoso y desinteresado apoyo. Así mismo a mi amigo Francisco Vallejo por la fotografía del Castillo de mi pueblo que aparece en la portada.

Antes de finalizar quiero pedir disculpas a cualquier persona o colectivo que pudiera sentirse ofendido. No es mi intención en absoluto.

Y... poco más. Espero conseguir el objetivo marcado o al menos que se puedan distraer ustedes de las noticias, tan poco agradables, que nos acechan cada día.

A-MANTIS RELIGIOSA.- Beata muy peligrosa que enviuda con mucha facilidad.

ABANDONEARSE.- Dejarse llevar por el sonido del acordeón.

ABATIDOS.- Sujetos que se alimentan, exclusivamente, de bebidas azucaradas y que se vienen abajo, cuando se suben a la báscula.

ABDOMINABLES.- Carcasa con dibujo de tableta de chocolate.

ABOCADO.- Letrado predestinado a morder..."el polvo".

ABorigen.- Natural de Albacete.

ABSTENIO.- Ex Alcohólico que, por la costumbre de abstenerse, nunca vota en las elecciones.

ABSTRUSO.- Difícil de entender y conste que, aunque así lo parezca, esto no es un palabro sino una palabra perfectamente recogida en el diccionario de la RAE.

ABUELICIONISTA.- Nieto dispuesto a cargarse la figura del abuelo a toda costa.

ABZURDADERA.- Prenda deportiva. Que utilizan los de izquierdas para perder peso mientras corren.

ABZURDO.- Comunista sin sentido, que juega al fútbol de extremo izquierdo.

ACELGAZAR.- Perder peso a base de comer verdura.

ACENTOLLO.- Tilde en gallego.

ACERPIJO.- Adivinanza verde y soez muy utilizada en la región de Murcia.

ACHUCHERIAS.- Apelotonamiento infantil que se produce cuando los Reyes Magos arrojan caramelos.

ACICATRE.- Cualquier estímulo que sirva para llevarse al ligue a la cama.

ACONDONAR.- Perdonar pecados contra el sexto mandamiento.

ACUÑALADO.- Agredido con arma blanca por el hermano de su mujer.

ACUPINTURA.- Arte curativo ancestral.

ADHERENCIA.- Bienes pegajosos que se reciben a la muerte de un familiar.

ADMINISTRADOR.- El que controla a los miembros del gobierno.

ADOCLINES.- Pañuelos demasiado duros.

ADULETEREO.- Cuernos con efecto devastador.

AERONÁUTICOS.- Zapatos de altos vuelos.

AFEITADOS.- Damnificados bien rasurados.

AGITANADOR.- Manifestante furibundo contra la guardia civil

AGUAS FISCALES.- Juzgados corruptos a los que llegan casos de dos tipos: mayores y menores.

AGUJETAS.- Modistillas con mucha cara (y dolores musculares).

AIRE ACONTAMINADO.- Puede ser frío o caliente con la única condición de que sea muy nocivo.

ALARDEANOS.- Catetos orgullosos de su origen rural.

ALENGENDRO.- Varón monstruoso.

ALHAJADA.- Millonaria de la tercera edad.

ALHELAOS.- Estado de estupefacción que sufrimos, en verano, frente a una heladería.

ALIBABANKIA.- Organización sinónimo de lucro anteriormente administrada por ladrones de guante blanco.

ALICAGADO.- Desanimado y triste por no haber llegado a tiempo al WC.

ALMADURA.- Especie de coraza que protege el espíritu.

ALPIANISTA.- Músico que trata de alcanzar la cumbre en su carrera.

ALQUILINO.- Propietario, arrendador.

ALTRURISTA.- Viajero absolutamente desinteresado.

ALUDIDOS.- Sorprendidos al oír sus nombres bajo la nieve.

ALUVIÓN.- Avalancha de judías (Alubión).

AMBISEXUAL.- Que se masturba indistintamente con la derecha o con la izquierda.

AMENIZAR.- Colocar el instrumento muy cerca de la cabeza de otro.

AMINGOTE.- Gente de confianza del genial humorista gráfico.

AMOROSOS.- Que dejan a deber el cariño…

AMPUTEADO.- Sentimiento que invade a quien le han amputado, por error, el miembro sano.

AMULATO.- Supersticioso nacido de padre blanco y madre de color o viceversa.

ANCA DE ALMORRANA.- Plato típico escatológico.

ANGOSTO.- Mes de vacaciones que produce estrecheces económicas en otoño.

ANHIMALAYA.- Maltrato animal en la cima de uno de los picos más altos.

ANIMADVERSARIO.- Cumpleaños de tu enemigo.

ANINQUILAR.- Otra forma de deshacerse del inquilino que no paga.

ANIVERSARRO.- Visita anual al dentista.

ANMULATORIO.- Centro de salud en Cuba.

ANOLÓGICO.- Sistema tecnológico escatológico pasado de moda.

ANONIMOTO.- Oriental con casco para pasar desapercibido.

ANTICUERPO.- Criatura poco agraciada. Alma en sentido figurado.

ANTIDIFAMATORIOS.- Grupo de fármacos que neutralizan los falsos rumores.

ANTRECEDENTE.- Exconvicto muy superticioso (con muy mala suerte).

ANTROPODÓLOGO.- Callista interesado por el origen del hombre.

ANUNCIO.- Publicidad preferida en el Vaticano.

AÑEJO.- Ovario de mujer mayor.

APOCHOLO.- Famosillo con mochila que se cree un dios griego.

APRÓSTATA.- Urólogo que reniega de su fe.

APUNTALADO.- Sujeto, apoyado sobre el paredón (fusilamientos de Goya).

ARDOLESCENTES.- Lo son la mayoría (concupiscencia juvenil).

ARGOYA.- Especie de aro, para colgar en exclusiva, cuadros del pintor aragonés.

ARGUMENTATIVO.- Que defiende su tesis con razones de mucho peso.

ARMADUREZ.- Soldado, entrado en años, que demuestra sensatez y sentido común en el campo de batalla.

ARMESES.- Asideros para superar la cuesta de enero.

ARREMATADORA.- Mujer horrible de fea.

ARRUMACACOS.- Caricias sexuales entre primates.

ASCENDIENTE.- Pieza dental de uno de los progenitores.

ASCENSOR DE CUENTAS.- Inspector gallego que sube y baja en función de las propinas.

ASESINACIÓN.- Acción y efecto de quitar de en medio al prójimo.

ASESINIETO.- Terrible acción que comete un abuelo que pierde la cabeza.

ASPIRADORA.- Chacha que prepara oposiciones.

ASPIRINOLLA.- Hábito de tomar 100 mg diarios de Acetilsalicílico "por si acaso".

ATEORRORIZAR.- Tomar tierra con excesiva dificultad.(sin encomendarse a Dios ni al diablo).

ATILA.- Rey cuyo caballo no dejaba crecer la hierba … medicinal (salvo para infusiones).

ATINAR.- Acertar sobre patines.

AUDITOR.- Otorrino que se dedica a inspeccionar empresas en sus ratos libres.

AUSTORIDAD.- Dictador tacaño y poco convencional.

AUTOINMÓVIL.- Coche averiado y/o aparcado.

AUTOMILITARSE.- Dolencia castrense que suele curarse sola.

AUTOOBÚS.- Coche bomba. (grande).

AUTORIDACTA.- Dictador que se ha hecho a sí mismo.

AVIADOR.- Eran pareja, (había dos).

AZNARCISISTA.- Español con bigote excesivamente presumido, aunque sin motivos.

AZNARQUISTA.- Libertario confuso que vota al P.P.

CON LA "B"

BALANIZAR.- Dar poca importancia al uso indebido del órgano sexual masculino.

BANCA.- ONG sinónimo de lucro.

BANDURRIA.- Grupo sin prestigio con enseña cutre.

BARBITÚRICO.- Somnífero de muñeca famosa.

BARBUCEAR.- Buzo con barba pidiendo socorro.

BARVARIEDAD.- Catálogo de exageraciones, necedades o actos temerarios.

BATALLA.- Guerra en el primer día de rebajas de ropa.

BATIBORRIQUILLO.- Mezcla indeterminada de cosas que se le cargan al pobre animal.

BATRACIO.- Rana de la antigua Roma que llegó a emperador.

BECÉRRIMO.- Chauvinista que va un paso más allá del Acérrimo.

BEREBERECHO.- Norteafricano bivalvo.

BIBE-RÓN.- Alimento de alcohólico muy precoz.

BICICULTAD.- Puerto de primera categoría, la tienen también los universitarios repetidores (Medicina, Derecho etc.).

BICIGÓTICO.- Gemelar del reino Visigodo.

BIHOMBRO.- Anchas espaldas a modo de mampara.

BIODESAGRADABLE.- Detergente que huele fatal (ecologista malencarado).

BISOÑO.- Niño con peluquín.

BISUEGRA.- Pieza metálica que permite abrir la puerta para que salga tu madre política. Es una variante de mi suegra (aprovechando que mi suegra pasa por Valladolid...).

BISUTETERÍA.- Joyería donde te sirven infusiones.

BIZCOELÁSTICO.- Estrábico que recupera su figura con mucha facilidad al cesar la presión a la que es sometido. También Estrábico que trabaja en una colchonería.

BLASFÉMINA. Feminista irreverente que se expresa como un carretero.

BOLÍGRAFO. Estilográfica venida a menos.

BOSQUIMONO.- Chimpancé de tribu africana.

BOTICARIES.- En el lenguaje inclusivo, segunda posibilidad de farmacéutica, farmacéutique o farmacéutico que necesita visitar al dentista.

BOVINO.- Ganado lanar muy enrollado.

BRITÓNICO.- Inglés muy estimulante.

BRONQUISTA.- Enferno de pulmón que se pasa la vida buscando pelea.

BRUMA.- Niebla cachonda (graciosa).

BRUSELOSIS. Enfermedad que afecta a ciudadanos belgas.

BUCANERO.- Pirata que reparte bombonas (en Venecia).

BUCÉFALO.- Caballo con dos cabezas (preguntar por Alejandro Magno).

BUÑUELO DE VIENTO.- Churro manchego (película de Almodóvar).

BURBRUJA.- Gaseosa de hechicera.

BURRÁNCANO.- Estado de excitación en el que te pone la vecina cuando se desnuda.

BURRASCA.- En invierno nubarrones muy bestias.

BUZÓN.- Cartero grande aficionado al submarinismo.

CON LA "C"

CABELLERO.- Hombre respetable de larga melena que no tiene caballo. Indio muy educado.

CABRITÁNICO.- Inglés cabreado.

CACHORRO.- Grifo pequeño.

CAFERRETERIA.- Bar que atiende a clientes con falta de hierro.

CALABACÍNICO.- Agricultor que cambia, con frecuencia, de opinión.

CALAVECINO.- Hortaliza que nace en la huerta de al lado.

CALEFRACCIÓN.- Parte del calor que llega a cada vecino.

CALIFATO.- Como cafelito (en árabe).

CALIFORNICIANA.- Norteamericana adicta al sexo.

CALVOROTADOR.- Manifestante fácilmente identificable.

CAMARERUNES.- Centroafricano que trabaja en la hostelería.

CAMARETERA.- Chica de hotel, provocativa que te ayuda a deshacer la cama.

CANDIDATO.- Político ingenuo, infectado por hongos.

CANHIJA.- Perrita bebe.

CANÓNIMO.- Cura que quiere pasar desapercibido.

CAPISTALINISTA.- Votante indeciso.

CARABINERO.- Langostino con espíritu militar.

CARACOL.- Percebe de los pobres, insulto de agricultor.

CARDIÁLOGO.- Médico del corazón que cura con la palabra y apoya a ZP.

CASCARRABIAS.- Tio desagradable y protestón al que no le cambia el carácter ni cuando se masturba.

CASQUETE POLAR.- Polvo bajo cero.

CÁSULA.- Vivienda espacial.

CATEDRÁSTICO.- Profesor muy riguroso.

CAUSA.- Mourada.

CD-ROUND.- Boxeador compacto que prácticamente carece de memoria.

CELOSÍA.- Sospecha de infidelidad durante la confesión.

CELULITRIS.- Piel de alcohólico muy deteriorada.

CENINCIERTA.- Especie de princesa descalza que nunca existió.

CENUTRICIONISTA.- Dietista estúpido.

CEPORRO.- Consumidor de droga poco avisado.

CEREMOMIA.- Acto demasiado antiguo, representación ancestral.

CHABOLA.- Jovencita de clase humilde.

CHÁCHARA.- Empleada de hogar muy habladora.

CHANCRETE.- Pescador de pezqueñines algo putero.

CHANTRAJE.- Método mafioso que emplean algunos políticos (preguntar a los adversarios del expresidente valenciano).

CHAPELERO.- Maricón vasco.

CHARCÓFAGO.- Sepulcro que se inunda con frecuencia.

CHIRIGÓTICO.- Godo nacido en Cádiz.

CHIRINGUETO.- Bar racista a pie de playa.

CHISPARATE.- Ocurrencia absurda aunque jocosa e ingeniosa.

CHOMINOLAS.- Golosinas de pederastas.

CHORRADIADA.- Gilipollez retransmitida por las ondas.

CHUBASQUEROSO.- Impermeable lleno de barro y caca.

CHUVASCO.- Bilbaíno con impermeable.

CIBERNECIO.- Informático tonto.

CICACTRIZ.- Reliquia de herida glamurosa.

CICARTERO.- Funcionario de Correos que le cuesta entregar las cartas.

CICLOPEDIA.- Libro de consulta de los que solo ven por un ojo.

CIGUARRILLO.- Fumador que se lía los cigarros con papel higiénico.

CILÁNTROPO.- Planta aromática que desprende mucho amor.

CINECÓLOGO.- Médico que solo atiende a pacientes glamurosas.

CÍNICO.- Número impar de buen rollo para los estudiantes.

"CINTURA RUPESTRE".- Pelvis de Atapuerca.

CIPOTECA.- Centro repleto de estonterías .

CIPOTECADO.- Novio que es obligado a casarse de "penalti".

CIPOTECARIO.- Funcionario encargado de archivar, ordenar y vigilar las estonterías.

CIPOTEST.- Encuesta sobre sexo (el tamaño si que importa).

CIRCOITO.- Polvo redondo.

CIRCOÑITA.- Alhaja íntima (tesorito).

CLAUSURA.- Monasterio donde se retiran los banqueros.

CLAXONFONISTA.- Tocapitos aficionado a la música de mal gusto.

CLEOPATRIA.- Emperatriz muy facha.

CLICHE.- Goma de mascar para disléxicos.

COALISIÓN.- Fusión exagerada entre conductores de partidos políticos diferentes.

COCACOLAU.- Refresco catalán muy parecido al apellido de una política barcelonesa.

COCANINA.- Perrita enganchada a la droga.

COCHEQUERA.- Cuchitril donde se rebozan los corruptos que solo manejan dinero de papel.

COHETÁNEO.- Valenciano fallero de la misma época.

COLESTERIOR.- Que se ingiere con los alimentos.(cerdo, con perdón).

COMA.- Signo ortográfico de mal pronóstico.

COMANDO A DISTANCIA.- Grupo militar teledirigido, últimamente está de moda para cambiar de canal durante las guerras.

COMENSUALES.- Clientes que acuden al restaurante una vez al mes.

COMISERIO.- Policía con cara de acelga.

COMOPROMETIDA.- Que se entrega como si fuera a casarse.

CONDEMORACIÓN.- Reconocimiento o premio que llega un poco tarde.

CONDOCTOR.- Chófer de ambulancia.

CONFIDIENTES.- Golosos que se van de la lengua.

CONSENSUAL.- Llegar a un acuerdo entre gente guapa.

CONSULADOR.- Funcionario de embajada que satisface a compañeras necesitadas (de cariño).

CONTEMPORIZADOR.- Terrorista que se las da de dialogante y que suele actuar desde la distancia.

CONTIGUO.- Compañero que no está a la moda.

CONTRABAJO.- Instrumento musical cuyo aprendizaje requiere mucho esfuerzo.

CONTRADESDECIRSE.- Reafirmarse.

CONVAGINAR.- Atender sexualmente y de forma proporcional a esposa, querida y amantes en general.

CONVERSATORIO.- Lugar donde los músicos se reúnen para hablar.

COREASNO.- Oriental demasiado bruto.

CORRELEGIONARIOS.- Soldados que comparten la falta de ideología.

CORTAPRISA.- Dificultad, óbice o impedimento urgente.

CORTEJAR.- Comparar a los pretendientes.

COSMÉTRICA.- Arte de maquillar los versos.

COSMOPOLÍTICO.- Ciudadano del mundo que puede pertenecer a varios partidos .

COSTELEROS.- Camareros que pertenecen a alguna cofradía.

CRÁPULA.- Vampiro de vida licenciosa.

CREPUSCULERO.- Vampiro Homosexual.

CRISTALMININA.- Desinfectante para gatos.

CRUCERO A LA IZQUIERDA.- Barco a estribor que no vale nada.

CULIWATIO.- Unidad de medida para tejanos de mujer.

CUNILONGUI.- Miembro de la pareja que se queda esperando reciprocidad.

CÚPULA.- Polvo en el último piso.

CURANDADERO.- Sanador trashumante.

CURVANA.- Mulata de cuerpo redondeado.

CÚSQUIDE.- Fastidiar al máximo.

DANZARINA.- Bailarina rusa de sangre azul.

DARWINISMO.- teoría acerca de la evolución del ser humono.

DEBATES.- Discusión parlamentaria que acaba a palos.

DECIBÉLICO.- Unidad de medida utilizada en la guerra (muertos de cada bando).

DEGENERALADO.- Militar de vida licenciosa y alta gradación.

DELEGADO.- Representante de un colectivo que es "de poco comer".

DELICADENCIA.- Actitud atenta que se produce tres veces en semana.

DELINCUENTA CORRIENTE.- Ladrona vulgar, especializada en "Bancos".

DEMABOFIA.- Policía zapaterina.

DEMEAHOGO.- Político pidiendo auxilio en la piscina.

DENUNCIA INFUNDADA.- La que se realiza con bufanda y gabardina.

DEPEDRADOR.- Destripaterrones que come de todo.

DEPOSICIONES LEGALES.- Cagaditas de abogados y jueces.

DESASOCIEGO.- Invidente nervioso.

DESCAFEMINADO.- Café demasiado suave, que puede administrarse en lavativa.

DESCELEBRADO.- Cumpleaños suspendido por ausencia del protagonista, al que se le olvidó la dirección.

DESCENDIENTE.- Pieza dental del maxilar inferior del hijo.

DESENFOCARSE.- Verse Reflejado en el espejo tras beber en exceso.

DESHOLLINAR.- Tomar a primera hora café, demasiado negro, con churros o con pan muy tostado.

DESMORRALIZAR.- Inducir la pérdida de ánimo de forma contundente.

DESMORRONARSE.- Venirse literalmente abajo tras recibir un puñetazo en la boca.

DESNUEDO.- Acto de valor para quedarse en bolas.

DESORDORANTE.- Audífono.

DESPARASITAR.- Arte de encontrar empleo a políticos en activo.

DESPERTAHEDOR.- Aroma desagradable procedente de la axila del compañero de cama.

DESPILFARRUCO.- Tipo chulesco, demasiado generoso que no repara en gastos. Si además es pequeñito y le gusta conducir deprisa aplíquese el diminutivo.

DEUTERONOVIO.- Libro sagrado que gusta a muchas parejas.

DIAMANTES.- Novios multimillonarios.

DICTADORZUELO.- Autócrata con una especie de grano en el párpado ocular.

DIFACULTADES.- Centros universitarios donde cuesta mucho aprobar.

DIGITÁNICO.- Informático de raza caló.

DIMINUTO.- Reloj demasiado pequeño.

DIPLOMAGIA.- Arte de convencer a otros políticos europeos, desde el gobierno español, actual de que en España existe separación de poderes.

DISBUSTO.- Mujer apesadumbrada por el tamaño de sus pechos (generalmente acaba en quirófano).

DISCRIMINAL. Tratar de forma diferente a presos peligrosos.

DISFAROS.- Ráfagas de luz.

DISFRAC.- Máscara muy elegante.

DISIMULACRO.- Fingir una catástrofe como el que no quiere la cosa.

DISIPARAR.- Deshacerse del enemigo con balas de fogueo.

DISOÑADOR.- Modisto de almas.

DIVERTICIDA.- Aguafiestas. Individuo que se opone con violencia a que los demás lo pasen bien.

DIVISA.- Tarjeta de crédito en el mundo del toro.

DOLEMIA - Molestia generalizada e indefinida que no precisa tratamiento analgésico.

DOMICIDIO.- Residencia habitual de asesinos y criminales.

DONOSTIARRONA.- Mujer exageradamente grande nacida en San Sebastián.

DRAGMA.- Moneda que se utiliza en el teatro griego.

DROGAEDICTO.- Individuo enganchado a los decretos.

CON LA "E"

E-VIDENTE.- Llamando al adivino.

EBRIO.- Río caudaloso que baja haciendo eses.

EDILIO.- Lío entre concejales.

EDUCACIÓN QUÍMICA.- Asignatura que imparte lecciones de amor.

EJECAUTIVO.- Preso con traje, corbata y maletín.

EJECUTANASIA.- Modo demasiado violento de ayudar a morir al prójimo.

ELECTRODOMÉSTICOS.- Aparatos de compañía.

ELEVANDOSKI.- Ascensor en polaco.

EMBARAJADAS.- Echadoras de cartas en estado de buena esperanza.

EMBARAZO.- Edema de contacto demasiado íntimo.

EMÉRITO.- Profesor extremeño jubilado.

EMOCIÓN DE CENSURA.- Votación para derrocar al gobierno a base de bulos sensibleros.

EMOTICOÑO.- Expresión gestual gráfica que se reproduce con la Vulva.

EMPATIAR.- Terminar igualados en cualquier contienda reconociendo, mutuamente, el esfuerzo del otro.

EMPEDERNADAS.- Derecho de empedernido…y lo peor es que lo ejercen.

EMPEDERNIDO.- Noble con obsesiones sexuales muy arraigadas hacia las mujeres de otros.

EMPEINETA.- Teja, trasero de silla, parte inferior del vientre entre ingles (hacer una empeineta).

EMPRESABIO.- Negociante que está muy preparado.

EMPRESAURIO.- Gerente de parque acuático.

ENAMORADISCO.- DJ que cambia de pareja con facilidad (Paquirring).

ENAMORDAZADA.- Que hace el amor por señas.

ENCANDADO.- Prisionero del amor.

ENCONTRARIARSE.- Coincidir con alguien poco querido.

ENCUBRIDOR.- Cómplice semental.

ENFADO.- Manifestar el cabreo cantando (en Portugal).

ENFERMUERA.- Ayudante del forense.

ENKGB.- Mercería secreta.

ENMENTAL.- Queso inteligente.

ENREDADAS.- Metidas en líos con la policía mientras realizan su trabajo.

ENSA-LADILLA.- Plato veraniego preparado con poca higiene.

ENSAIMISMADA.- Mallorquina introvertida.

ENTENDIDO CERO.- Que no tiene ni puta idea de toros.

ENTERRADOS.- Que no pueden salir ni llamando al cerrajero.

ENTRELEQUIA.- Duda sobre la autenticidad de la foto del conde Lequio.

ENTRESHIJOS.- Intimidades, secreto de familia numerosa.

ENTRESTREÑIMIENTO.- Revistas para leer en el baño.

ENTROMETIDA.- Especie de pañal más propia del sexo femenino.

ENVESTIDURA.- Conferir dignidad o cargo en el mundo del toro.

ENZORRONA.- Engañado y detenido en una casa de citas.

EPOPÉYICO.- Conjunto de poemas que ensalza a un héroe de cine infantil muy relacionado con el consumo excesivo de espinacas.

EQUINECIO.- Sujeto que es exactamente igual de tonto durante todo el año.

EQUINOCIO.- Vacaciones de caballo (pero sin consumir).

EQUIPARADO.- Desempleado.

ERECCIONES ANTICIPADAS.- Las que se producen cuando se avería tu coche después de haber tomado viagra.

ERECCIONES SINDICALES.- Excitación que se produce tras la ingestión desmesurada de mariscos afrodisíacos.

ERHURTAR.- Apropiarse de los gases ajenos.

ES-GRIMA.- Es pariente.

ESBRÚJULA.- Palabra de hechicera con acento en la antepenúltima sílaba.

ESCATIMEAR.- Orinar poco, con cierta dificultad.

ESCOCIDO MADRILEÑO.- Natural de Madrid con piel muy delicada.

ESCOMBROS.- Basura a cuestas.

ESCRÁPULA.- Hueso de la espalda de un noctámbulo.

ESCRIATURA.- Grafología infantil, garabatos, gurrapatos.

ESCROTINIO.- Recuento de votos por cojones.

ESCRUPULOSIS.- Tendencia a cogérsela siempre con papel de fumar.

ESCUALOFRIO.- Sensación de pánico e hipotermia que se experimenta ante la amenaza de un tiburón.

ESCUCHARADA.- Que oye sólo lo que le interesa mientras come.

ESCULTURA GENERAL.- Busto de militar que no pasó del bachiller.

ESNINFÓMANA.- Cocainómana demasiado caliente.

ESPANTAPÁRROCOS.- Comunista que desaconseja, con métodos violentos, no ir a misa los domingos.

ESPANTOJO.- Hijo famosillo de folclórica.

ESPAÑUELO.- Hispano resfriado.

ESQUINAZOFRÉNICO.- Enfermo mental que se escabulle con facilidad.

ESTERCULERO.- Lugar especialmente abonado para relacionarse con personas del mismo sexo.

ESTEREOSEXUAL.- Que gusta de escuchar música mientras hace el amor.

ESTHAMPA.- Sello de mafioso.

ESTILETE.- Bisturí con clase.

ESTIMAR.- Engañar con cariño.

ESTONTERIAS.- Estupideces clasificadas por niveles .

ESTORNUDINO.- Clase de pájaro que se acatarra con frecuencia.

ESTRAMBOTICARIO.- Farmacéutico excéntrico, peculiar.

ESTRANGÉNICO.- Inmigrante modificado genéticamente.

ESTRIANGULAR.- Asesinar a tu mujer con ayuda de un tercero.

ESTUCHE.- Oiga, Atienda (imperativo).

ESTUFA.- Timo en caliente.

ESTULETICIA.- Consorte que atenta contra el protocolo real.

ESTUPEFASCISTA.- Ultraderechista enganchado a la droga.

ESTUPIDIZACIÓN.- Condición innata en los pijoprogres.

ETARRADOR.- Terrorista que da sepultura a sus propias víctimas.

ETILISTA.- Borracho de buena familia.

ETS.- Enfermera demasiado promiscua.

EUCARESTÍA.- Primera comunión que no se puede celebrar demasiado por la brutal subida de los precios.

EUFEMINISMO.- Movimiento delicado y exquisito que supuestamente esta a favor de defender al "sexo débil".

EUFEMINISTA.- Individuo políticamente correcto que defiende a la mujer pero sin mojarse mucho.

EUROGALLO.- Especie de pavo europeo salvaje.

EUROLOGÍA.- Tratado de la nueva moneda.

EUROPEO.- Moneda cuyo futuro huele mal.

EXCLUSA.- Presa que se disculpa por escapar a nado.

EXFUMARSE.- Desaparecer tirando el cigarrillo.

EXIMIENTE.- Prueba que libera de cargas a un acusado aunque se sepa que no dice la verdad.

EXPERCTRO.- Entendido en temas paranormales.

EXTINTOR.- Bombero metálico.

EXTRABOGAVANTE.- Tío raro al que no le gusta el marisco.

EXTROVESTIDO.- Individuo muy comunicativo que se disfraza con frecuencia.

FÁBULA.- Cuento de habas (de las que se comen, no de las que vuelan).

FACHADA.- Parte de la casa que mira al sol.

FACHORIAS.- Putadas protagonizadas por la derecha extrema.

FALACIOS.- Castillos en el aire.

FALOCIA.- Mentir acerca del tamaño del pene.

FARO.- Desempleo (entre marineros).

FELIGRISES.- Devotos mediocres, beatos que no destacan.

FEMINISTERIO.- Parte del gobierno que propicia la desigualdad.

FERRENTERIA.- Comercio vasco donde se vende material para fabricar bombas.

FIBROLIZAR.- Dar poca importancia a enfermedades como Cansancio Crónico o Fibromialgia.

FIGORDO.- Noruego obeso.

FIHOMBRE.- Chorizo humano.

FILANTROPELÍA.- Abuso de poder que se comete en nombre de falso amor.

FILIEMBUSTERO.- Pirata muy mentiroso.

FILTRAICIÓN.- Noticia revelada a los medios por un "amigo".

FLAUTAPORRO.- Como perroflauta, pero sin mascota.

FLETAR.- Transportar pasajeros en un barco, el mayor tiempo posible, sin que se hunda.

FOLLECER.- Morir con las botas puestas.

FORRASTRERO.- Extranjero despreciable.

FORUNCULAZO.- Suele darse en obesos mórbidos.

FORÚNCULO.- Escenario muy molesto, sobre todo para los que están sentados.

FOTO.- Doble trato (retrato).

FOTOCHOCHEADA.- Impresión de imágenes, íntimas, manipuladas.

FOTOHIGIÉNICA.- Que da muy bien en la cámara cuando la toman por detrás.

FRACASAMIENTO.- Matrimonio condenado al divorcio (divorcio express).

FRACCASADO.- Novio al que abandonan en la iglesia.

FRANCOTIRADOR.- Sicario fascista.

FRANFISCO.- Nombre del inspector de hacienda del distrito.

FRENOPLÁSTICO.- Manicomio en los invernaderos de Almería.

FRIGOLIDADES.- Ligerezas de esquimales.

FUMENTAR.- Inducir al consumo de tabaco.

FUSILAJE.- Eutanasia activa en los aviones de guerra.

CON LA "G"

GACHUMBOS.- Slips con espinas.

GAITERO.- Mariquita que le da a la sidra y gusta de tocar el pito.

GALACTITUD.- Optimismo de astronauta.

GAMBARRADA.- Invitar a los amigos a una ración de langostinos en mal estado.

GARRÁFAGA.- Recipiente de vidrio protegido con funda de mimbre, que puede llenarse con balas, luz, viento etc. Cuidado con llenarla de ginebra de mala calidad que luego duele la cabeza.

GARRULO.- Cateto con permanente.

GASTRONOMÍA.- Sopa de estrellas.

GAZPECHO.- Bebida refrescante elaborada mayoritariamente por féminas bien dotadas. (Leche materna veraniega).

GEO.- Efectivo militar de élite, incómodo de ver.

GERIFALTÓN.- Cacique muy maleducado.

GÉRMINIS.- Portadores de bacterias de ese signo.

GESTACIONES.- Lugar de donde proceden los trenes de París.

GESTICULAR.- Enviar mensajes con los gestículos.

GESTÍCULO.- Huevo cachondo, graciosillo y muy expresivo.

GESTORES.- Cortinas de despachos administrativos.

GILIPOLLASTRE - Mozalbete un poquito Imbécil.

GILIPOTECA.- Centros donde se almacenan las estupideces (actualmente todos desbordados).

GILIPROGREZ.- Movimiento que avanza hacia la estupidez.

GLANDE.- Enolme (esta no es mía).

GOLFATEAR.- Sinónimo de Golisquear.

GORRA.- Dese prisa (imperativo).

GRABACHO.- Cantante francés.

GRASO ERROR.- Fallo del mecánico.

GUARRIDEZ.- Estado de abandono de algunos gorrinos, racionales e irracionales.

GUATEMANTEQUILLA.- Sudamericana que se deja untar con facilidad.

GUIRIGAY.- Extranjero que se siente atraído por los de su propio sexo y que monta el pollo con frecuencia.

GUISABUELO.- Ascendiente cocinilla.

CON LA "H"

HABITUACIÓN.- Narcosala.

HACHIS.- Jesús.

HAMBURGUESES.- Alemanes de ciudad a los que les gusta la carne emparedada.

HARTISTA.- Actor muy pesado.

HATAJO.- Grupo de personas que siempre van con prisa.

HECATHOMBRES.- Desastres que solo afectan a varones.

HERMÁNAGER.- Familiar de famoso que le lleva las cuentas.

HÉUROES.- Los que sobreviven, en España, con los sueldos actuales.

HIDROCÉLEBRE.- Quiste de testículo de personaje ilustre, famoso.

HIJOPUTARRA.- Resultado de cruzar un español con una terrorista.

HIPOPÓSTUMO.- Paquidermo nacido después de la muerte de su padre.

HIPOTALÁMICO.- Parte del encéfalo unido a la silla de origen turco de la base de la cabeza.

HIPRÓTESIS.- Argumento artificial de dudosa consistencia.

HIPUTECARSE.- Hacerse cargo de la hipoteca de la "amiga".

HOCICALARSE.- Pintarse los morros.

HOLOCÁUSTICO.- Nazi que pretendía hacer jabón con los judíos.

HOMBRUNA.- Mujer hirsuta a la que no favorece el escote "palabra de honor".

HOMENAJE A TROIS.- Reconocimiento de un tercero que comparte cama con la pareja.

HORNAPIA.- Bebida valenciana antónimo de horchata.

HORTERA.- Que guarda la casa, Chismosa. Se dice también del que tiene poco gusto para vestir y del calvo con la raya por encima pero muy cerca de la oreja (Ortera y Gasset).

HOSTELEDIARIO.- Noticiero exclusivo para huéspedes y turistas en general.

HOSTILERÍA.- Camareros bordes.

CON LA "I"

ICONOPLASTA.- Cofrade.

IDIHOTEL.- Pensión para tontos.

IGNICIAR.- Emprender.

ILUSTROSO.- Personaje insigne de buen apetito, que es reconocido al menos durante cinco años.

IMARGINACIÓN.- Conjunto de ideas para disminuir las diferencias sociales.

IMBÓLIDO.- Coche de carreras adaptado.

IMPACTO.- Sensación de llegar a un acuerdo consigo mismo.

IMPRESIONAR.- Reproducir la vanidad con láser.

IMPUTREFACCIÓN.- Culpabilizar a políticos corruptos.

INCAPATAZ.- Gobernante bastante inútil (en el mundo rural).

INCRUSTÁCEO.- Individuo que se acopla en tu casa camuflado en su concha y que no se va ni con agua caliente.

INDEPENDENTISTA.- Odontólogo separatista por cuenta propia.

INDICIO.- Especie de dedo acusador.

INDIGESTACIÓN.- Embarazada indispuesta. Embarazo no deseado (cuando se descubre).

INDIVÍDEO.- Varón pegado al televisor.

INFANTIA.- Niñez de sangre azul, princesita.

INFIELNO.- Condena perpetua para los infieles de origen cubano.

INFINIQUITO.- Moroso que sigue debiendo después de muerto.

INFLARROJOS.- Ultraderechista que acude como un rayo a las manifestaciones comunistas.

INFRANCIA.- Primera etapa de la vida de los gabachos.

INFREGANTIS.- Sorprender al señor de la casa, en la cama, con la criada.

INMOLARSE.- Suicidarse en la consulta del dentista.

INMONÓLOGO.- Cualquier presentador de informativos o tertulianos de distintos medios en época del Covid.

INNECESERIO.- Que va siempre con cara de acelga sin que haga puñetera falta.

INNOBILIARIA.- Compraventa de casas de abolengo.

INOPORTUNISTA.- Aprovechar al máximo las circunstancias, en el peor momento, para obtener el mayor beneficio posible.

INSENSATÁNICA.- Persona diabólica que carece de sentido común.

INSERXO.- Viaje de placer para personas de la tercera edad.

INSTRUMENTALISTA.- Manipulador que se aprovecha de la música.

INSUITIVO.- Se intuye a sí mismo.

INTERECTO.- Capacidad sexual masculina.

INTRAEXIGENTE.- Individuo que no se soporta a sí mismo.

INTROINVERTIDO.- Mariquita muy tímido.

INUTILITARIO.- Coche para el desguace.

INVENTARIAR.- Llevar la contabilidad con imaginación.

INVERMADERO.- Policía almeriense con impermeable.

INVERNADERO.- Sauna de campo.

INVESTIGADURA.- Encargar al detective una toma de posesión.

ISLOTE.- Conjunto de tierra rodeada de agua que se recibe en herencia.

ISREALISTA.- Judío con poca imaginación.

JAPUTILLA.- Mujer bajita, con cara de pez, que entrega su cuerpo a cambio de dinero.

JAQUECA.- Nombre familiar de Enriqueta mujer que padecía, frecuentemente, fuertes dolores de cabeza.

JAQUENTONA.- Mujer de imponentes curvas que pasa de los 50 años.

JARREAR.- Llover a cántaros. "Ir de cervezas".

JODIENDA.- Hacerlo después de la merienda (dicen que no se puede enmendar).

JOROBETA.- Individuo echado "pa lante" que disfruta fastidiando al prójimo.

JULADRÓN.- Homosexual amigo de lo ajeno.

JURIDISPRUDENCIA.- Palabro Eructado por la ministra de educación de un gobierno sanchista.

K-SONDEO.- Es como denominan, en el sur, a las encuestas de Tezanos.

KAMICAFRE.- Automovilista zafio que piensa que son los otros los que marchan en sentido equivocado.

KARATEQUESIS.- Disciplina que, según mi nieto, te prepara para la primera comunión.

KILOGRAMI.- Premio musical que se otorga en función del peso de los participantes.

LABRADOR.- Perro de campo que muerde poco.

LAPSUS BILINGÜE.- Error en dos idiomas.

LAVATIMBA.- Enema de ludópata que sufre de estreñimiento crónico.

LAVAVAGINILLAS.- Aparato para higiene íntima de mujeres pequeñas.

LENTEJA.- Especie de cubierta ocular comestible.

LETARADO.- Abogado con ciertas deficiencias.

LEVISBIANA.- Bollera en vaqueros.

LIBÉLULO.- Insecto aficionado a la lectura.

LIBERIA.- País africano a tiro de avión.

LILIPUTERO.- Individuo de pequeña estatura que frecuenta establecimientos con luces rojas.

LIMOSNADA.- Bebida gratuita que se hace con el fruto del limosnero.

LIMOSNERO.- Árbol que da pena (enfermedad de la tristeza).

LIMPIAPARABRASAS.- Especie de manguera para expulsar del coche a viajeros pelmazos.

LINGOTE.- Humorista español que valía su peso en oro.

LLAMARADA.- Contacto telefónico a través de una línea caliente.

LOGOPEDERASTA.- Terapeuta infantil que emplea métodos imperdonables.

LOQUIOS.- Enfermios mentales (Conde Loquio).

LOUGUVRE.- Sala fúnebre del famoso museo parisino.

MACABREADO.- Individuo siniestro que se enfada con frecuencia.

MACHACADO.- Cansado de andar, con la imaginación, por los campos de Castilla.

MACHO ALFALFA.- Machista - Leninista. (Coletas).

MADERO.- Policía de palo.

MADROGAR.- Despertar bien colocado.

MAGDALENNON.- Beatle aficionado a la repostería casera.

MALETONES.- Trancazo que padece el traficante al que engañan con un gran maletín repleto de recortes de periódico.

MALHAGÜEÑOS.- Andaluces con mal fario.

MALHUMORADO.- Podemita cabreado.

MALICIANO.- Militar con mala leche.

MALVERSIFICACIÓN.- Delito del que trafica con libros de poesía.

MAMANTES.- Mujeres que exigen reciprocidad.

MAMARRACHADA.- Felación intermitente.

MAMPORRERO.- Adicto a las drogas blandas que quiere coquetear con el "caballo".

MANDARINA.- Naranja de la china.

MANDRILES.- Monos de gran utilidad en la cocina.

MANIÁTICO.- Vecino excéntrico que vive en el último piso.

MANINFESTACIÓN.- Grupo reivindicativo con picores en la cabeza.

MANIPOLUCIÓN.- Saludar sin lavarse tras la defecación (por eso los árabes saludan con la mano izquierda).

MANOLETRINA.- Pase taurino que Cagancho ejecutaba a la perfección.

MANOLITO.- Niño duro, pétreo.

MANÓLOGO.- Niño duro y pétreo que ya ha crecido y habla solo.

MANUFRACTURA.- Lesión ósea que se produce uno mismo.

MAOMENTÁNEO.- Árabe de paso.

MARCADERA.- Tendera que solo vende ropa de marca.

MARCOTRÁFICO.- Comercio ilegal que se practica en galerías.

MARICONCEPTIVO.- Supositorio del día de después.

MARIFESTACIÓN.- Concentración poco glamurosa.

MARIONETARRA.- Terrorista que se deja manejar.

MARISCAGADA.- Comilona a base de marisco en mal estado.

MARTIRIMONIO.- Equivocación que puede llevarte al altar.

MASTURBOACCIÓN.- Arte de practicar el amor propio a toda velocidad.

MATRIMOMIO. Ceremonia en la que uno de los cónyuges sale perdiendo.

MATRIMONIO DE LA HUMANIDAD.- "Se casa la bestia".

MATRIZ ÓSEA.- Aparato reproductor femenino demasiado duro.

MEANDROS.- Aguas fiscales menores; cagandros si son mayores.

MEAPILIS.- Devoto fariseo que practica la lluvia dorada.

MECÁRNICO.- Carnicero que entiende de coches.

MECEDORA.- Niñera de palo.

MEDICÓPTERO.- Ambulancia especial con doctor que acude al rescate de alpinistas.

MEDIOAMBIENTE.- La otra mitad de la movida.

MEDIQUETREFE.- Doctor que no se hace respetar.

MELANCOHÓLICO.- Borracho triste.

MEMARRACHADA.- Ridiculez que caracteriza a una política que tiene hijos y es médica.

MEMBRETE.- Pene cachondo que deja huella.

MEMORRAGIA.- Recuerdo pasado por sangre.

MENESTRA.- Titular del ministerio de agricultura.

MENISTERIOSO.- Político miserable que mendiga un puesto relevante al jefe del ejecutivo.

MENTECATETO.- Tonto de pueblo.

MEÑISCO.- Rotura del dedo pequeño de la mano.

MEQUETRECE.- "Tirillas" muy supersticioso.

MERENDICIDAD.- Niños mal alimentados que utilizan algunos adultos para pedir limosna.

METÁNFORA.- Cantimplora de poeta.

METEURÓLOGO.- Profesional que controla la temperatura de la parte meridional del cuerpo, lo que viene siendo de cintura para abajo.

MICROENCEFALITIS.- Inflamación de la cabeza del pene.

MICROMACHISTA.- Varón prepotente de pene pequeño.

MINUSCRITO.- Texto comprimido con letras muy pequeñas que no contiene mayúsculas.

MISÍLEX.- Proyectiles muy antiguos (piedras quijadas etc.).

MISTEDIOSO.- Individuo que no se deja ver pero que resulta insufrible.

MOLISTO.- Sastre muy inteligente.

MONAHISTÉRICO.- Monje histriónico.

MONÁRQUIA.- Primera regla de sangre azul.

MONIGÓTICO.- Humorista gráfico interesado en la historia del arte.

MONJIGATA.- Religiosa demasiado recatada.

MONSTRUACIÓN.- Regla de la novia de Frankestein.

MORATONES.- Carreras eróticas que suelen acabar en orgasmo.

MORDERADOR.- Individuo que dirige los debates de forma incisiva.

MORROJO.- Tiburón Comunista.

MORZUELO.- Joven con mal de ojo.

MUDARSE.- Dejar de hablar... con los vecinos.

MUJERIATRA.- Médica especializada en ancianas.

MUJIER.- Funcionaria judicial.

MULTIMILENARIA.- Ricachona demasiado vieja.

MUSICÓPATA.- Que hace daño con la música (raperos y otros).

NACI-ONANISTA.- Independentista que practica el amor propio.

NARCOLEGIALA.- Jovencita que practica el menudeo.

NARCOREANO.- Oriental que vive de la desgracia ajena.

NARCOTIZANTE.- Individuo que, aunque paga impuestos y cotiza a la SS, es una mala persona.

NARIZONTAL.- Chato.

NAZAHORÍ.- Árabe con especial habilidad para encontrar agua.

NECIONALISTA.- Energúmeno capaz de matar por razones patrióticas.

NECROILÓGICA.- Recorte de prensa equivocado.

NEGLICENCIA.- Capacidad de cometer errores en el ejercicio de la medicina sin llegar a ser condenado por ello.

NEONACITOS.- Fachas recién nacidos.

NEUNUCO.- Adulto castrado que huele a niño.

NINGÚNICO.- Nadie como él.

NOVELISCO.- Libro de ficción estilizado.

CON LA "O"

OBSCENIFICACION.- Puesta en escena indecente,impúdica.

OBSOLELO.- Imbécil que se ha quedado anticuado.

OBSOLENTO.- Individuo que se deteriora poco a poco.

OBSONETO.- Tipo de verso que, actualmente, se prodiga poco.

OCURRANTES.- Trabajadores con mucho sentido del humor.

OFTALMONÓLOGO.- Oculista con vocación de actor cómico.

OÍDOLOS.- Otorrinolaringólogos muy admirados.

OJIPLÁSTICO.- Expresión de estupefacción en la que se te quedan los ojos como platos desechables.

OMBLIGAR.- Forzar desde el nacimiento. En Portugal "muito ombligado".

ONOMATROPELLA.- Ruido del vehículo que está a punto de pasarte por encima.

OPUSICIÓN.- Prueba selectiva para entrar en secta religiosa.

ORDENARIO.- Individuo vulgar pero metódico.

ORDEÑADOR.- Vaquero experto en informática.

ORFANÁTICO.- Inclusero que se interesa exageradamente por algo.

ORIGINAR.- Expulsar líquido amarillento que se produce en el riñón y que se estimula con la risa y al abrir el grifo.

OSCURANDERO.- Sanador que trabaja de noche y cobra en negro.

OSTENTRAICIÓN.- Exhibición de un Judas.

OTORRINOGINECÓLOGO.- Médico especialista en garganta MA-
TRIZ y oído.

OVNINUBILIDAD.- Individuo obsesionado con seres de otros pla-
netas que se confunde con facilidad. (Cuidado con las luces rojas
si es de noche).

PAJAR.- Especie de granero para almacenar el semen, donde cuesta trabajo encontrar la aguja.

PÁJINA.- Masturbación de libro.

PALACIEGO.- Sede central de la O N C E.

PALCO.- Flancisco.

PALENTINO.- Famoso personaje de Palencia de nombre Rodolfo.

PALIAR.- Pa envolver.

PANCARTA.- Mensaje comestible.

PAPAGALLEGO.- Pájaro charlatán que no sabe si sube o si baja.

PAPELETERA.- Cubo donde depositar los restos de pieles animales.

PAQUIDERMATITIS.- Obesa con problemas de piel, de nombre francisca.

PARADERO.- Que hace pares...de zapatos o así. En paradero desconocido: que no sabe dónde los compró.

PARAFAXEAR.- Enviar escritos de otros autores.

PARANOVIA.- Prometida obsesionada con que el novio sea puntual el día de la boda.

PARAPETARDO.- En la feria para resguardarse de los cohetes (Fallas).

PARARROLLOS.- Artefacto para repeler cuñados y otros tipos cansinos.

PARKINGSON.- Enfermedad difícil de aparcar.

PARLAMENTABLE.- Cualquier diputado cuya actividad política se limite a disfrazarse de foca y aplaudir todo lo que convenga a su partido o a su amado líder.

PARLAMENTO.- Doble queja.

PARÓMETRO.- Aparato que mide el desempleo.

PASTILLA.- Calderilla (no olvidar tomarla salvo que sea la de jabón o la del freno).

PATANATAS.- Ingenuo al que le tiemblan las piernas con frecuencia.

PATÉTRICO.- Sujeto triste, misterioso.

PATIDIFURCIA.- Prostituta que se asombra con relativa facilidad.

PATINETOS.- Motoristas blanditos.

PATRIOSTRAS.- Pescadores adictos al "Régimen", siempre que sea de derechas.

PAYESES.- Clowns de campo.

PEATONTO.- Pieza de ajedrez que cruza los semáforos en rojo.

PEDABOBO.- Maestro al que le tocó el título en la tómbola.

PEDETERIA.- Tienda de niños.

PELOCIDAD.- Cabello de motorista.

PELUCO.- Reloj de cabeza (nI de muñeca ni de pie).

PELUQUERIDA.- Profesional que te arregla el pelo con final feliz.

PELUQUIN.- Reloj de niño.

PENEPLÁCITO.- Miembro siempre dispuesto para el placer.

PENEZOLANO.- Varón, bien dotado natural de Penezuela.

PEPITA.- Mujer rubia muy bien valorada.

PEPITAFIO.- Inscripción en la tumba de una rubia.

PEPSIMISTA.- Varon triste aficionado a los refrescos de cola.

PERECIOSA.- Mujer atractiva un poco vaga.

PERFUMADOR.- Vendedor de colonia que no puede dejar el tabaco.

PERIPAQUETE.- Persona oronda que ocupa el asiento posterior de una moto.

PERITO CALIENTE.- Ingeniero técnico salido.

PERMUTEAR.- Trueque entre sordomudos.

PESTIÑO.- Cerrojo comestible.

PETITMETRE.- Camarero pequeño.

PI-OJO.- Atención al numerito que se puede subir a la cabeza.

PIGMEO.- Bajito incontinente con cara de cerdo.

PILINGÜE.- Fulana que domina varios idiomas (Griego, Frances, Tailandes, etc).

PILONGUI.- Mujer de vida alegre un tanto distraída.

PILOTARI.- Corredor de fórmula uno de origen vasco.

PILOTUDO.- Boludo que conduce aviones.

PINDEPENDIENTE.- Número secreto de los separatistas.

PINOCHO.- Muñeco de notable alto.

PLATAFÓRMULA.- Tablero horizontal en los laboratorios de física y química.

POLIFAESCÉPTICO.- Individuo muy hábil aunque un tanto descreido.

POLIGLOTÓN.- Experto en idiomas que come demasiado.

POLIODEPORTIVO.- Estadio de juegos paralímpicos.

POLITICASTROJA.- Concejal de pueblo muy cateto.

POLITITOCRACIA.- Forma de gobernar de Mariscal del Este, muy famoso.

POLIVALIENTE.- Funcionario de seguridad que no tiene miedo a nada y que ha pertenecido a todos los cuerpos.

PONENTISCO.- Individuo malencarado que no hay quien lo aguante cuando el viento viene del oeste.

PORCULENTO.- Individuo fornido que es tranquilo hasta para joder.

PORMENORES.- Niñerias. Actos infantiles.

PORSUIMPUESTO.- Evidencia de que lo van a subir si gobierna la izquierda.

PORTAMULETAS.- Cojo con coche adaptado.

PORTAVOCERO.- Representante de partido político que pregona las consignas del líder.

POSADERA.- Hostelera con cara de culo.

PRECALCINADOS.- Que se sienten mal con la pareja, con el trabajo, con la vida misma, en fin, muy quemados.

PRECIOSIDAD.- Mujer que a la larga resulta cara.

PRECIPUTACIÓN.- Caída en una casa de citas.

PREDEPOSICIÓN.- Ventosidad.

PREIMPOTENTE.- Que se da mucha importancia pero no remata.

PREOKUPACION.- Arte de colocar en la alcaldía a un comunista.

PREPOSICIONES DESHONESTAS.- Cabe, entre, sobre, bajo, tras...

PRERROGATIVA.- Tiempo de sequía.

PRESBÍTERO.- Cura con gafas para ver de cerca.

PRESERVERATIVO.- Insistente, tenaz, que consigue tener sexo seguro, siempre que la goma no se utilice varias veces.

PRIMISCUA.- Pariente ligera de cascos.

PROCRETINAR.- Dejar para otro día cualquier gilipollez.

PROCTOCOLO.- Escudo anti denuncias, también defecación de obligado cumplimiento.

PROPENSIONISTAS.- Prejubilados a los que les encanta el IMSERSO.

PSICOPATÉTICO.- Desequilibrado penoso, lamentable, ridículo.

PUCELANOSA.- Vallisoletana dedicada a la cerámica.

PUTACA.- Mujer de vida alegre con la que se suele quedar en el cine.

QUEBRANTAHUEVOS.- Boxeador con cara de pájaro que se salta las normas.

QUERELLA.- Amalla, desealla...

QUERIDA.- Pérdida de sustancia.

QUINQUILLOSO.- Individuo de mala vida que, además, es muy susceptible.

QUIOSQUILLOSO.- Como el anterior pero que vende periódicos y revistas.

QUIROMANGANCIA.- Arte de hacerse con el dinero de otros a través de las rayas de la mano.

CON LA "R"

RAQUETÉS.- Soldados aficionados al tenis.

RASCASUELOS.- Vivienda para bajitos.

RECLINOTARIO.- Donde el profesional se arrodilla para expiar por sus elevadas facturas.

RECODEARSE.- Contorsionista que disfruta con su trabajo.

RECORTAJE.- Entrevista o documental censurado por el propio autor o por el medio para el que trabaja.

REDIL.- Reunión de concejales, Pleno municipal.

REENCAUDACIÓN.- Volver a la vida como inspector de Hacienda.

REFLEXIÓN.- Gimnasia mental.

REGAFAS.- Precios especiales en ópticas.

REPANOCHO.- Hortelano pelirrojo fuera de lo normal.

REPORTRAJE.- Uniforme de periodista.

REPUGNANCY.- Muñeca asquerosa.

RESPETARDO.- Valenciano explosivo que se hace valer.

RESPONSOHABILIDAD.- Pedir explicaciones después de muerto.

RETIRO.- Doble disparo de jubilado.

RETRETA.- Marcha militar escatológica.

REUMANO.- Ciudadano del Este con artrosis.

REUMÁNTICOS.- Enamorados con problemas de huesos.

REVELATORIO.- Mentidero macabro donde se cuentan secretos durante toda la noche.

RINOCENTADA.- Broma en la sabana africana.

ROBANTICISMO.- Movimiento literario al que pertenecen los amigos de lo ajeno.

ROCARAMBOLESCO.- Aficionado al billar audaz, muy peculiar.

RODRÍGUEZ.- Solstericio de verano.

CON LA "S"

SANGENTO.- Suboficial demasiado bueno.

SANGUINEANO.- Vampiro africano.

SAXOGENARIO.- Músico salido de la tercera edad que toca un instrumento de viento.

SECRETORIA.- Administrativa en periodo de lactancia.

SECUELAS.- Centros de enseñanza que dejan huella.

SÉLFILIS.- Autorretratos de practicantes de sexo sin protección.

SEMÁFOBO.- Luces de distintos colores que impiden el paso de las parejas del mismo sexo.

SEMINÓMADA.- Donante de semen sin residencia habitual.

SEMISOTANA.- Uniforme de seminarista.

SENSASOCIALISTA.- Político que acude a programas de telebasura.

SENSIVINILIDAD.- Placer que experimentan los aficionados a la música disco.

SEÑERA.- Mujer catalana de bandera.

SEPTICÉMICO.- Enfermedad con siete males.

SEPULTORERO.- Matador al que no le fue bien en la fiesta nacional y tuvo que cambiar de oficio.

SERENIDAD.- Calma, tranquilidad de vigilante nocturno.

SERENIZARSE.- Tranquilizarse cuando ves al vigilante (sobre todo si has olvidado las llaves).

SETENTARISMO.- Hábitos de vida, poco saludables que se adquieren al terminar la década de los 60.

SEXOTÉRICO.- Individuo del montón adicto al sexo.

SIMIESTRO.- Rojo con cara de mono.

SIMÓNIMO.- Palabra que expresa igualdad respecto a otra, Simón es igual que Pedro. Eso es un simónimo, aunque el "experto" en covid era Simón.

SINCOPAZO.- Jamacuco que padeces incluso siendo abstemio.

SOBARQUERA.- Sudoración excesiva (Bustamante, Camacho y otros).

SOBRERO.- Toro de chapeau.

SOCIÓPATA.- Socialista sin corazón que además vota a Sanchez.

SOLTHÉROE.- Universitario que consigue terminar la carrera sin echarse novia.

SONAMBULANCIA.- Mujer que se levanta de la cama y, deambula sin rumbo, emitiendo un sonido de sirena.

SONDEAR.- Encuestar a médicos especialistas en urología.

SÓRDIDO.- Sucio, miserable y que además no oye bien.

SUBGERENCIO.- Militar sin dotes de mando que se limita a aconsejar.

SUBMARIANO.- Expresidente con periscopio.

SUBSTRATO.- Acuerdo en el metro.

SUBSUELDO.- Salario de empleado del metro en época de crisis.

SUBTERFUGITIVO.- Que inventa cualquier excusa para escapar.

SUPERMARCADO.- Gran superficie de piel humana repleta de tatuajes.

SUPREMACHISTA.- Que se cree muy superior a las hembras de cualquier especie.

CON LA "T"

TABERNICOLA.- Mesonero troglodita.

TACITURNO DE OFICIO.- Abogado, recién terminado, melancólico y mal comunicador.

TALADRADOR.- Aficionado al bricolaje, con cara de perro, que muerde poco.

TARTAXISTA.- Chófer que le cuesta trabajo comunicarse mediante la palabra.

TAUROMAGIA.- La que practica un artista capaz de sacarse un toro de la chistera.

TELEIDEARIO.- Programa de TV desinformativo que maneja, a voluntad, el gobierno de turno.

TELEVISIONARIO.- Adivino que avanza, por TV las noticias del día siguiente (excluir a los que dan el tiempo).

TEMPLARIOS.- Caballeros, monjes, banqueros y pintores de brocha gorda (al temple).

TEMPORREROS.- Que solo trabajan cuando se quedan sin costo.

TENACIDAD.- Obstinación de ferretero.

TENDEDERO.- Comerciante con fama de estar un poco colgado.

TERMOMETROSEXUAL.- Instrumento para controlar los grados en positivo, que alcanzan los presumidos.

TERREMÓMETRO.- Sismógrafo de bolsillo.

TERRENÍCOLA.- Urbanita "puesto" en el campo como un extraterrestre (zapatos, corbata, etc.).

TESTIOCULAR.- Macho ibérico que presencia un accidente con sus propios ojos.

TETUAJE.- Grabado imborrable sobre la piel que recubre las glándulas mamarias.

TIBIA.- Hueso templado.

TÍPEX.- Especie de goma de borrar que siempre deja huella (preguntar a Caldera).

TIROIDES.- Disparos en griego que apuntan a la glándula.

TONTEORIAS.- Hipótesis absurdas que, en la práctica, se traducen en chorradas.

TOPAR.- Esta es la última idiotez, el precio del gas y la electricidad tienen que topar (esto si que son palabros y no los míos).

TÓPICO DE CÁNCER.- Decir que nunca se puede curar.

TORQUEMADURA.- Lesión abrasiva producida en la hoguera.

TORTURANDOR.- Sádico aficionado a la ópera.

TRABUCODONOSOR.- Bandolero babilónico que se quedó colgado de los jardines.

TRADICIONERO.- Que reniega de sus propias costumbres.

TRANQUIDESLIZANTE.- Conductor de máquina quitanieves que transmite confianza.

TRANSEXPIRACIÓN.- Sudor con olor cadavérico.

TRANSEUNTADO.- Político que se deja sobornar en todos los puestos por los que pasa.

TRAUMATURGO.- Médico especialista de huesos que practica la magia en sus ratos libres.

TREINTENTONA. - Mujer madura que no tiene relaciones sexuales hasta la tercera cita.

TREMÉNDING TÓPIC.- Sucesos de actualidad que ocupan más de ⅔ del tiempo de los informativos.

TRÉMULO.- Hermano de Tremo (Roma).

TRIÁLOGO.- El tercero en discordia que sobra cuando dos hablan.

TROLERANCIA.- Arte de decir mentiras camuflándolas como cambios de opinión.

TRUCOLENTO.- Mago morboso al que se le ven los trucos...

TUROPERADO.- Mayorista que recorre muchos hospitales para ser intervenido varias veces.

UNANIMIEDAD.- Acuerdo sin importancia.

UNAMUNIDAD.- Sentimientos encontrados del gran escritor.

UNGÜENTO.- Bálsamo para el insomnio (Caperucita Roja es un güento).

UNICORNIO.- Guardia civil en prácticas.

UNIVERSITARIES.- Estudiantes de grado superior de sexo indefinido.

UNIVERSICARIO.- Estudiante de grado superior, sin escrúpulos, que se saca un buen sueldo.

ULTRAGINAR.- Hacer las américas engañando al prójimo.

ULTIMÁTUM.- Termineitor.

ULTRAJE.- Menosprecio más allá de las apariencias.

ULTRAJEAR.- Desnudar a la fuerza con fines lascivos.

ULTRAVIOLENTA.- Mujer agresiva que toma mucho tiempo el sol.

UNIADVERSIDAD.- Licenciatura muy difícil que muchos abandonan.

CON LA "V"

VAMPIRÓMANO.- Conde noctámbulo obsesionado con provocar incendios.

VARAPALIO.- Lo que muchos españoles desearon darle al caudillo.

VARETA MAGICA.- Diarrea de prestidigitador.

VATICINAR.- Predecir desde la Curia.

VECÍNICO.- Individuo que vive en la puerta de al lado y dice que no te conoce.

VEHÍNCULO.- Coche de novios.

VENUS.- Diosa que tira al monte.

VERTERINARIO.- Basurero de animales.

VESTIVULARIO.- Espacio físico en el que se amontonan los abrigos, las mochilas y las bolsas, con las meriendas, en el cole de los más pequeños.

VESTIGIO.- Traje demasiado antiguo que deja huella.

VEGETATORIO.- Político cuyo trabajo consiste en apretar un botón de vez en cuando (en ocasiones incluso se equivoca).

VEVIENDA.- Tabernero que vive en su propio negocio.

VIGORETA.- Segurata cachas.

VIAJECITOS.- Turismo del IMSERSO.

VIEJO ROPERO.- Armario de Elvis, Miguel Rios y otros.

VINAGRESIVO.- Persona ácida de mal carácter con la que no es conveniente meterse.

VINOSAURIO.- Caldo de Atapuerca.

VIGIGANTE.- Guardia de seguridad de medidas descomunales.

VIOLENINISTA.- Músico rojo que toca un instrumento de cuerda.

VIOLINIZACIÓN.- Penetración sin consentimiento con el arco de un instrumento de cuerda.

VISIHABILIDAD.- Conducir con niebla sin tener un accidente.

VIZCAÍNO.- Vasco que ve doble.

VOMITALIA.- Aledaños de discoteca de moda.

VULGARCITO.- Personaje corriente de cuento infantil, poco interesante.

CON LA "W"

WATER GAY.- Mariquita pasado por agua.

WHATSAPP.- Aplicación que sirve para enviar mensajes, los que más me gustan son aquellos en los que no aparece "leer más", sino "leer menos"".

CON LA "Z"

ZANGOLATINO.- Sudamericano joven con mentalidad infantil.

ZETÁCEO.- Último pez enorme del abecedario.

ZIPÓTESIS.- Suposición que parte del segundo órgano sexual masculino.

ZORRAPASTROSA.- Ramera muy sucia.

ZORRÓN.- Prostituta con mochila.

EQUÍVOCOS

En este apartado la palabra correcta va en segundo lugar aunque, a veces, ambas lo son:

Acoquinar por Apoquinar.

Aférrimo por Acérrimo.

Agarofobia por Agorafobia.

Aiga por Haga (lo que aiga falta).

Almóndigas por Albóndigas (incomprensiblemente las 2 son correctas, por ahora no se admite armóndigas).

Amadrentar por Amedrentar.

Aporhijar por Prohijar.

Apóstrofe por Apóstrofo.

Apreta por Aprieta.

Asín por Así.

Biznieto por Bisnieto.

Biscocho por Bizcocho (parecido a la anterior).

Haber por A ver (muy frecuente).

Tragiversar por Tergiversar (frecuente).

Idiosincracia por Idiosincrasia (lo he oído más de una vez).

Intimidar por Intimar.

Infligir (causar daño) por Infringir (una norma).

Inmemoriales por Inmemorable.

Inritación por Irritación.

Convivencia por Connivencia.

Derrogar por Derogar (un error lleva a otro, derrocar preguntar a Villacís).

Detestar por Detectar.

Dragoniano por Draconiano.

Descote por Escote, este último es el correcto... "palabra de honor".

Drogui por Grogui.

Calcamonia por Calcomanía.

Cocretas por Croquetas.

Cuerdas bucales por Cuerdas vocales (las primeras las usaban los antiguos barberos para extraer las muelas).

Descriminar por Discriminar (bastante frecuente).

Eruptar por Eructar (homo eructo por homo erecto).

Enquencle por Enclenque.

Esparatrapo por Esparadrapo.

Espiar por Expiar (las culpas).

Espirar por Expirar (se explican solas).

Espureo por Espurio.

Fregaplatos por Friegaplatos.

Friyendo por Friendo.

Grabiel por Gabriel.

Gradación por Graduación (militar por vista aunque son sinónimos).

Hipertérrito por Impertérrito.

Lapsus (equivocación) por Lapso (relativo al tiempo).

Mercedario por Mercenario son muy diferentes. En teoría el primero no cobra.

Mondarina por Mandarina (aunque sea fácil de pelar).

Moñiga por Boñiga (pero algunos moños lo parecen).

Muncho por Mucho (la primera en desuso, aunque es correcta).

Prejuicios por Perjuicios (opinión previa generalmente negativa de alguien por dañar).

Rintintin por Retintín (los perros todavía no hablan).

Preveer por Prever (es muy habitual, preguntar a Marlasca).

Olor por Loor (de multitud, de santidad).

Pacencia por Paciencia (como concencia).

Plausible por Posible (el primero merecedor de aplauso el segundo que se puede realizar.

Presignar por Persignar (santiguar).

Prostración por Postración (la primera no existe, respecto a la segunda hay que preguntar a las amigas del macho alfa).

Quedrá por Querrá.

Aureola por Areola (la primera está más cerca de los santos, la segunda más cerca del pezón).

Salivares por Salivales.

Subrealista por Surrealista.

Superfulo por Superfluo (la primera es más fácil de pronunciar, de ahí que sea un error bastante común).

Convalescencia por Convalecencia (sin llegar a convalexcelencia).

Comparecer por Compadecer (este equívoco es de ida y vuelta y no necesita explicación).

Dalear por Ladear.

Digeriendo por Digiriendo.

Discursión por Discusión (la primera de discurrir, la segunda de pelear).

Beneficiencia por Beneficencia.

Eficencia por Eficiencia (al revés que el anterior).

Espureo por Espurio.

Fregasuelos por Friegasuelos.

Furboneta por furgoneta (descartar fragoneta).

Fustración por Frustración.

Gachupinada por Cachupinada.

Gamusino (animal imaginario) por Gambusino (buscador de oro).

Gómito por Vómito.

Garrapato por Garabato, pues ambas son correctas. Esperemos que la RAE no autorice gurrapato.

Guatemanteca por Guatemalteca la primera más propia de las fiestas navideñas o de películas de miedo (mantecados y mantequeros), la segunda, como casi siempre, la correcta.

Himpertensión por Hipertensión.

Inagurar por Inaugurar.

Neardental por Neandertal.

Concencia por Conciencia (frecuente).

Ortodoxia por ortodoncia (la primera significa autenticidad, la segunda ya se sabe).

Plesbicito por Plebiscito (preguntar a Chiqui Montero).

Pulgatorio por Purgatorio (el primero referido a las pulgas el segundo equidistante entre cielo e infierno).

Rascar por Rasgar (las vestiduras).

Relentizar por Ralentizar.

Redivido por Redivivo (la primera no existe).

Recadero por Recaredo (este último el rey godo el primero cualquier marido que se precie).

Reportar por Repostar (gasolina).

Raspapolvo por Rapapolvo, éste último, es una reprimenda el primero es mejor no buscarle definición.

Surgir por Surtir (efecto).

Sarcillos o salcillos por zarcillos.

Traspiés por Traspié.

Trompa por Tromba (de agua), la primera de elefante, de alcohol, de Eustaquio o de Falopio.

Trompezón por tropezón.

Tundra por Tunda, (la segunda suele ser de palos. La primera se refiere a un terreno helado).

Turuleta por Turuleca (me refiero a la gallina).

Barraquera por Verraquera (la primera de barraca, la segunda de niños).

Viciversa por Viceversa.

Visicitudes por Vicisitudes.

OCURRENCIAS EN CUANTO A FRASES, DICHOS Y OTROS...

El ceceo y el seseo son típicos de andaluces, canarios y sudamericanos, pero, a veces, se da también lo que se podría denominar seceo o ceseo y eso, con el permiso de Chiqui Montero, Susana Díaz y otros, es hablar muy mal (organisación, civilisación...).

"En general la vida transcurre en un suspiro, sin embargo algunas situaciones, hacen que el paso del tiempo se haga interminable", valga como ejemplo ir perdiendo o ganando mucho al póker y que, se termine o no, la partida..

"Lo que más nos gusta del cuerpo del otro sexo es, precisamente, lo que nos diferencia".

"Para tener éxito en un debate hay que estar siempre cargado de razón y sobre todo de conocimientos".

Los malos comunicadores suelen abusar de estos adverbios: Evidentemente, Lógicamente, Obviamente. Además es frecuente que los utilicen mal.

Que no te engañen, "Saint Exupery no es el hermano pequeño de Maquiavelo" ni "Benjamín Franklin es el gemelo de Chiquito de la Calzada" ni todos los agustinos (incluido León XIV) tienen que ser de Aragón.

Si pudiera le daría el premio Nobel, que correspondiese, al peluquero de Donald Trump (hay que tener arte...).

"Si después de ponerte en el lugar del otro sigues pensando que tienes razón estás obligado a llegar hasta el final".

"Hay que poner los puntos sobre las ies" y por qué no sobre las ues o sobre las jotas, por cierto que para pronunciar esta última no es preciso hacerlo bailando.

La doble uve es una eme haciendo el pino (W M) y la b una d mirándose al espejo y viceversa.

"El tiempo lo relativiza prácticamente todo" aunque algunos no piensan así. El otro día oí un comentario muy atinado: "el tiempo lo que te hace es cada día más viejo".

ARCHIVO EXPIATORIO.- Relación de confidentes sacrificados que se utilizan, convenientemente, para culparles hasta de la muerte de Manolete. Dícese también del novio de la cabra de la legión (en realidad era un chivo).

ARMARIO RAPERO.- Mueble donde se guardan discos de "antimúsica" que para algunos tiene mucho valor. Personalmente estaría interesado exclusivamente en aquellos que salen del mueble y van directamente a la basura.

CERROS DE ÚBEDA.- Paisaje dominado por espléndidos olivares que cubren la tierra por la que todos los días salen aquellos que no quieren contestar a preguntas incómodas (semanas de retraso, número de suspensos etc.)

JORNADA REDUCIDA.- Horario limitado de trabajo del que gozan algunos "pseudo funcionarios" a los que les resulta muy difícil trabajar menos. Es también el deseo generalizado de los diestros cuando los pilla el toro.

SINÓNIMO DE LUCRO.- Término de mi cosecha popularizado por el Grupo Risa y que suele ser todo lo contrario a los objetivos de la mayoría de las ONGs y que se puede concretar en entidades financieras (Bancos, Seguros etc).

ORGANIZACIÓN HUMONETARIA.- Otra forma de ONG que comparte objetivos con "sinónimo de lucro".

SEGUROS DE SALUD.- No me parece correcto que si pretendes contratar un seguro médico, tengas que responder, al personal no sanitario, a preguntas relacionadas con tu historia clínica. ¿Dónde queda la protección de datos? No es esta la única queja hacia las aseguradoras ya que, como tienen que hacer negocio, discriminan por edad o por patologías. A los viejos y a los enfermos crónicos, ¡que nos zurzan!

PRESOS PESADOS.- Internos aficionados al boxeo que aprovechan la cárcel para ganar kilos y que sufren el rechazo de sus compañeros sobre todo en el comedor.

HORA PEGADA AL CULO.- Todo el mundo reconoce haber experimentado esa situación en algún momento de su vida, lo que nadie dice es lo incómodo que debe resultar sobre todo si, el reloj en cuestión, es de gran tamaño. Vale que lleves uno de pulsera aunque resulte difícil adherirlo a "parte tan delicada del cuerpo", pero di tú que lo intentas con uno de mesa, de pared o de pie, aunque sea de atleta.

QUE SE TE ECHE EL TIEMPO ENCIMA Similar a la anterior va a depender de la cantidad de tiempo que te caiga, no es igual que llegues 5 minutos tarde a una cita, que te echen 50 años más de cárcel ya que, en este caso, para quien no va a ser lo mismo es para tu pareja.

PASEO MARÍNTIMO.- Lugar cercano al mar donde las parejas (homosexuales, heterosexuales, de enamorados o de la guardia civil) mantienen relaciones de todo tipo.

GRAN-HITO.- Emperador chino con un forúnculo del tamaño de un luchador de 'zumo'(naranja, limón, pontificio).

LIQUIDO SEMANAL.- Fluido que retienen, los mercenarios del sexo durante siete días para quedar bien en los centros para el tratamiento de la infertilidad.

NUDO EN LA GARGANTA.- Hemos de ser prudentes a la hora de apretar el nudo de la corbata y, sobre todo, el de las cuerdas ya sean vocales o consonantes ya que, si la presión es grande y aprietas en exceso, puedes acabar como el del "árbol del ahorcado".

NO SE PUEDE ESTAR EN MISA Y REPLICANDO.- Por ahora en las iglesias católicas el sermón lo explica el cura y los feligreses no pueden interpelar ni interrumpir la alocución, habrá que esperar a que repliquen las campanas.

GUERRA DE GORRILLAS.- Peleas entre marginados por conseguir o mantener tramos de aparcamiento no vigilados en los que los más perjudicados son los propietarios de los coches que tienen que soportar las amenazas o claudicar, con una propina, si no quieren que su vehículo resulte también afectado.

QUEJA TORÁCICA.- Lamento profundo del cantaor de flamenco aficionado (cante jondo) que guarda su "arte" entre barrotes costales y que prefiere ganarse la vida de ese modo antes que buscar un buen trabajo para vivir.

EL ÁRBITRO NO HACE AL MONJE.- El monje nace, no se hace, ni siquiera lo consiguen los jueces incluidos los de línea, que solo si viven cerca de Gibraltar y, después de la Concepción, tienen la capacidad de conseguirlo.

UN BUEN ESCANCIADOR NO NECESITA ESCOBILLA DEL W.C.- Le basta verter agua, con la suficiente puntería, como para acabar con los residuos escatológicos que se agarran a la taza (en el peor sentido del término) como verdaderas garrapatas.

"ENTRE LA ESPALDA Y LA PARED".- Situación extrema, agobiante, límite (de velocidad) de la que se quejan sobre todo, los calendarios, los cuadros, el papel pintado y la pintura que se encuentra entre la pared propiamente dicha y la espalda de Damocles o de otro personaje histórico de la antigua Grecia.

PESADILLA QUE TE MUERDE LA COLA.- Sueño horrible en el que tu miembro viril lo pasa realmente mal imaginándome que un pez, con grandes dientes afilados y boca bien abierta, se le acerca con malas intenciones.

PERROS DE EMPRESA.- Malos trabajadores que agarran un puesto de trabajo y no lo sueltan ni con agua caliente (véase políticos, sindicalistas y especies similares).

TIENES MAS PELIGRO QUE UN VIEJO CON UN PARAGUAS.- Incluso el riesgo aumenta, cuando el paraguas está cerrado, ya que los mayores tienden a recordar, indistintamente, la instrucción de la mili o las películas de Charlot, por lo que es aconsejable mantener con ellos, como con el covid, cierta distancia de seguridad.

ERES FEO HASTA "PA LA RADIO".- El físico siempre ha sido importante pero más aún desde que apareció la TV. Que le pregunten a algunos famosos que lo han sufrido en sus propias carnes.

ERRORES QUE COMETEN ALGUNOS PERIODISTAS. Últimamente oigo con frecuencia expresiones como "de alguna manera u otra" o "hace un tiempo atrás" que, a mi juicio son redundancias o en el mejor de los casos, frases poco afortunadas.

EJEMPLOS.- Es tan limitada la comunicación entre humanos, mediante el lenguaje, que constantemente hemos de recurrir a ejemplos para entendernos y, hablando de errores, es frecuente oír: voy a poner un ejemplo "por ejemplo".

ANTICIPACIÓN SILÁBICA.- Este error del lenguaje hablado, se produce al utilizar, al final de la primera palabra, la última sílaba de la palabra siguiente. Pondré un ejemplo: "vamos a ver que se puede hacer". Y quedaría: "vamos a cer..."

ENTRAR O SALIR.- Siguiendo el hilo del "ejemplo anterior" ¿qué es lo correcto?, entrar o salir a la terraza o en el deporte a la cancha, al terreno de juego etc. De hecho en el caso del fútbol han tenido que recurrir a las flechas de colores.

DE NIÑOS.- Junto a un niño pequeño siempre suele haber un adulto, tonto, que le habla como si ambos lo fueran. Por cierto que los niños y los perros deberían siempre llorar y ladrar, respectivamente, "pa dentro".

MOCHILA TAPACULOS.- La que utilizan preferentemente las mujeres jóvenes, para ocultar el trasero, unas porque lo tienen bonito y no pueden soportar las miradas lujuriosas y otras por todo lo contrario, para disimular su volumen o su falta de atractivo.

LA PROFESIÓN VA POR DENTRO.- Ocurre cuando la lluvia no permite que procesionen los pasos y se limitan al recinto eclesiástico. Ocurre también, necesariamente, en el caso de los ventrílocuos.

RIFI-RAFI.- Discusión violenta entre personas que han perdido los papeles (también el higiénico), que hablan de su vida privada, de lo divino, de lo humano y, en la mayoría de los casos, sin tener ni puñetera idea.

POLÍTICAMENTE CORRUPTO.- Os puedo asegurar que últimamente puede considerarse una redundancia, aunque no siempre lo sea...

TONTO POR CIENTO.- Número de idiotas por cada 100 habitantes. Según Herrera en España no cabe ni uno más. Otros dicen que en España hay más tontos que botellines.

OTROS TONTOS.- Ingenuos - Simplemente tontos - Rematadamente tontos - Tontos pa too - Tonto mierda - Tontoelhaba (variante de tonto de baba?) - Tontos a las tres - Tontos hasta almorzar y luego "pa to el dia" - Tontos pa siempre y por último el grupo de los sexuales, a saber: de Los huevos - de los cojones - del higo - del culo - cipotes y en Granada tontopollas (preguntar a Pezzi).

INTERNET.- No estoy seguro de lo que es, pero debe estar arriba ya que todo el mundo se baja cosas, discos, libros, artículos etc.

COMUNISMO.- Un comunista es un millonario atrapado en el cuerpo de un pobre, también aquel que dice lo mío es mío y lo tuyo de todos.

LA LLAMADA.- Hay pocas cosas más decepcionantes que estar esperando, por mucho tiempo, una llamada de teléfono que al final no se produce.

TIENES MÁS MALA LECHE QUE UN COCINERO A DIETA.- Te lo imaginas olfateando y viendo pasar las viandas tan cerca sin poder hincarle el diente (y no precisamente el de ajo).

LOS ZAPATOS NO ANDAN SOLOS.- Ni las botas, ni las zapatillas, ni siquiera las chanclas (salvo cuando las pisas) pero eso es otra historia.

BAILES.- El baile "agarrao" es como un abrazo eterno en movimiento.

FIESTAS.- En general, la gente inteligente, suele huir del bullicio.

HAY QUE SER ELEGANTE HASTA "PA LLORAR".- Puede parecer extraño, pero soy de los que piensan que, en cualquier circunstancia, hay que saber mantener el tipo.

ESTACIONES.- Las picaduras de mosquito suelen desaparecer cuando deja de ser necesario el abanico.

PRECALENTAMIENTO GLOBAL.- Acción mediante la cual tu cuerpo se ve obligado a realizar una serie de ejercicios, obligatorios, antes de realizar cualquier actividad, esté o no relacionada con el cambio climático. Es otra ideíca más de la agenda 2030 (yo le llamo agencia 2030, ya que sirve para colocar amiguetes).

TENGO UNA PREGUNTA.- Soy defensor de la naturaleza, consumo alimentos sanos y sin aditivos, soy deportista, defensor del medio ambiente. Llevo una vida saludable sin cometer excesos, no fumo y no bebo, puedo afirmar que mis huevos son ecológicos?

LA QUE FALTABA "PAL EURO".- Frase que viene a sustituir a la del duro, pero sigue faltando lo mismo.

DEPILACIÓN BOCA A BOCA.- Solo ocurre entre parejas cuando se besan. Hay que decir que, aunque a veces pueda resultar doloroso acudimos, para recomendarla al refrán: ¡sarna con gusto no pica!

ABRAZAFAROLAS.- Puestos a elegir prefiero los abrazafarolas a los abrazaárboles aunque lo bueno para un machista y para una mujer, recientemente casada con un árbol sí, "¿qué pasa tronco?". La ventaja, de éste último es que siempre estará duro.

A TAL FALO TAL PASTILLA.- Hay unas pastillas azules que están haciendo muy felices a casi todos los varones que las consumen y están indicadas para penes "blandiblus' que no consiguen enderezarse en los momentos más íntimos. Existen otros fármacos para otras dolencias del pene, pero como la vinagra (que diría Torrente) ninguna. Bueno, ahora que lo pienso y, sin contar la del freno, quizá hay una pastilla que deberían utilizar los poco aseados ... la de jabón.

DOBLAJES.- Asistimos a diario a la retransmisión de voces superpuestas en distintos idiomas. Entiendo que se emitan juntos, al inicio, para diferenciar la traducción del original, pero debería ser solo un momento. Tal y como se hace actualmente es insufrible. Algo parecido ocurre con la música de fondo durante una narración A mi juicio el volumen debería ser el mínimo posible y que, en ningún caso, interfiera en lo importante que es hacer de la narración algo perfectamente entendible.

DE POLÍTICOS Y PERIODISTAS

Palabras que utilizan tanto unos como otros:

ARGUMENTARIO

APLICA.- Esta palabra se está poniendo de moda, se utiliza como sinónimo de atañe, afecta (esto aplica, o no).

CUADERNO DE BITÁCORA.- Hoja de ruta...

EL GOBIERNO TRABAJA TODO El RATO.- No me extraña que haya tanto paro, los miembros del gabinete acaparan todo el empleo.

PRECARIEDAD EN EL EMPLEO.- Esta es antigua pero siempre está de moda.

El GOBIERNO HA HECHO LOS DEBERES.- (y una M...un insuficiente como la copa de un pino).

CAMBIO CLIMÁTICO (del clima climático que diría Moratinos).

CEO.- Director general, presidente ejecutivo.

VAMOS A DEJARNOS LA PIEL.- (será la de cordero).

VAMOS A DARLO TODO.-

DIALOGAREMOS HASTA LA EXTENUACIÓN.-

LAS CHAROS. Algo parecido a las chonis, pero feministas.

CONSTRUCTO.- Según la RAE construcción teórica para comprender un problema determinado, en mi opinión: Un palabro.

CONTEXTUALIZAR, PONER EN CONTEXTO o lo contrario SACAR DE CONTEXTO

TOPAR.- En el sentido de no superar, suena mal y sin embargo políticos y periodistas repiten como papagayos "topar el precio de los carburantes..."

DESTOPAR.- por si no era suficiente con la anterior. También he oído destope (no confundir con el destape, de las hermanas Estrada o la Cantudo).

INDEXAR.- Hacer índices, registrar información ordenadamente (esta última acepción es mucho menos cursi).

INQUIOKUPA.- Ante semejante exabrupto (esto si que es un palabro) creo que la RAE tendría que haber puesto pie en pared hace tiempo. En qué pensaban cuando admitieron palabras como amigovio, resiliencia y otras. Si bien es cierto que, el exabrupto inicial, no está recogido en el diccionario no hay que bajar la guardia porque, de no ser así, las acabarán incluyendo.

POR ACTIVA POR PASIVA Y POR PERIFRÁSTICA.-

LO HAN PILLAO CON EL CARRITO DEL HELAO.-

CALLADAS COMO PUERTAS.-

MEDIOPENSIONISTA (de esto, de lo otro, derecha o izquierda o…).

TRANSVERSALIDAD.-

INCONSCIENTE COLECTIVO. Todos estamos conectados por una fuerza invisible, una especie de Red profunda que va más allá de nuestra comprensión consciente (Carl Yung). Apostaría a que cerca del 100/100 de las personas que utilizan estas palabras no tienen ni idea de su significado.

IMAGINARIO COLECTIVO.- Falso, irreal, (no se suele emplear bien).

ES DE MANUAL.

ESO ES DE PRIMERO…de lo que sea.

ESTO NO VA DE… (o si).

DATO MATA RELATO.-

RELATO. En mis tiempos se empleaba mucho para contar cuentos y, de eso, los políticos saben mucho.

SANITARIOS Proveedores de atención médica.

TARDE DE CHICAS.-

METAVERSO Universo más allá del que conocemos, (no está en el diccionario de la RAE).

MULTIVERSO Hace referencia a múltiples universos, pero tampoco está en el diccionario.

MATRIARCAL, PATRIARCAL Y HETEROPATRIARCAL.-

GENTRIFICACIÓN.- (la cosa va por barrios).

LÍNEAS ROJAS.-

ESE JUEGA EN OTRA LIGA.-

ESPAÑA MULTINIVEL.-

NUEVAS MASCULINIDADES.-

EDADISMO.- (imprescindible hablar con Tamames).

MULTICULTURALISMO.-

SiNHOGARISMO.-

SINCORBATISMO,

HOOLIGANISMO (deportivo y político).

CUIDADO con los 'ismos" que siempre acaban en el abismo (no confundir con el barranco de Ivan Redondo).

CULTURA DEL INSULTO.-

CULTURA DE LA VIOLACION.- Imposible casar estas dos palabras

VIOLENCIA POLÍTICA.-

Y SE HIZO VIRAL.- (cualquier cosa, un comentario, una metedura de pata...).

ALIMENTOS ECOLÓGICOS. Hace unos días que casi demostré que mis huevos eran ecológicos, pues bien, voy a relatar un listado de términos que me llevan a estar, hasta los mismos, o que me producen "orticaria", que diría un adlátere de Susana Díaz, cuando ella todavía era alguien.

Poner en valor.

Remar en la misma dirección (en todo caso sería en el mismo sentido).

Empoderar.

Gobernanza.

Cogobernanza.

Diversidad.

Biodiversidad.

Estanflación.

EMPATIZAR.

HOLÍSTICO.- Relativo al Holismo, doctrina que plantea la concepción de cada realidad como un todo distinto de la suma de las partes que lo componen. La mayoría de las veces se emplea mal.

RESILIENCIA.- (Palabro feo y difícil de pronunciar) ya existe La palabra adaptación.

SOSTENIBILIDAD.-

Concordia.-

Magnificencia.-

Ciudadanía (últimamente han inventado "Cuidadania", no lo veo mal. Basuraleza no tenía un pase.

Puntual.

Punto pelota.

Sí o sí.

En verdad.

Es lo que hay.

Lo que es y lo que viene siendo.

Eso no, lo siguiente.

Ahora no toca.

Que parte de...¿no entiendes?

Hay que estar a lo que se diga.

Poner negro sobre blanco.

Más pronto que tarde.

Primero de todo.

Primero de nada.

Primero que todo.

Primero que nada.

El otro día tuve la desgracia de escuchar segundo de todo (sin comentarios).

Queda mucho partido (los que dicen no estar interesados en el fútbol no paran de hacer comentarios y poner ejemplos del deporte rey).

Que pases un buen día (semana, incluso cada uno de los 7 días, finde…).

24 / 7 (olvidan los meses, años, lustros décadas, siglos…sin comentarios).

2.0 Segunda versión mejorada.

Felices Reyes.

Cualquier cosa me llamas.

Eres lo mejor que me ha pasado.

Como si no hubiera un mañana.

En cero coma….

Te renta o no. Últimamente se ha puesto de moda, aunque ya lo decía mi tía hace muchos años y, lo peor, es que también la emplean los jóvenes.

En fin, que podría seguir hasta no se donde, por cierto, que sobre las entrevistas individuales a políticos en cualquier medio, opino que no sirven para nada. Primero porque los periodistas no son libres y si no hay contrapeso se convierten en entrevistas "masaje", baste oir a Herrera, Alsina, Pepa Bueno o Federico y, hablando de periodistas no quiero olvidarme de Carlos Cuesta que a fuerza de repetir ha puesto de moda entre tertulianos y políticos una forma de comunicar que yo llamo "letanías" que consiste en la enumeración completa de los puntos a comentar sin escatimar en repeticiones, de la primera frase, pero para resumir y atendiendo al lenguaje inclusivo, cuando alguien comienza una alocución diciendo todas y todos o españoles y españolas o mejor aún tontas y tontos todos y todas ya sé por dónde respira y hemos de saber que cuando un tonto coge la linde y, la linde se acaba, el tonto sigue.

POLÍTICOS EN ACTIVO

ABASCAL Y OTRAS DE ARENA, aunque, a veces se cierre a cal y canto.

ADRIANA LASTRADA (por S. Cerdán).

ARMENGOL EN PROPIA PUERTA (la del bar).

ALBORTO NUÑEZ FIJO (en la oposición).

BENDODO llamando a una ave extinta del Índico.

CARRACUCA Gamarra.

CUERPO Sale mejor parado que si se apellidara cara.

FÉLIX BULAÑOS.- Macarrón boloñes (El "Ave Felix" de los bulos).

GONZÁLEZ PONS.- El amigo de los socialistas cuyos escritos no son recomendables para menores (ni para adultos).

BORJA SÉMPER.- El chanquete del PP.

PSICO-PATAS.- Pedro primero el embustero.

JOSÉ BONO TRANSPORTE (ida y vuelta en exclusiva a República Dominicana).

PAGE .- ¿Hijo tonto de Bono Transporte?

PESTIÑO BLANCO está volviendo a la actualidad (por nada bueno).

ESCANDÁBALOS y sus "sobrinas" (José Luis Abalos pa la Meco).

ISABEL DÍAZ AL USO y su discurso (para machacar a Sánchez).

JUANMA MORENO.- El barón del PP de corazón enorme.

MARICHUSA MONTERO (que te pinsho), alias la Palmera.

MARLASCA y los Pegamoides. Tanto él como su jefe tienen una cara de piedra por lo que es posible que pierdan algún fragmento.

FACHI LOPEZ (el más feo de España con el permiso de Vinicius y de Conde Pumpido).

COLDO CON COLDO y RESCOLDO (Cuidado con el brasero).

ÓSCAR LÓPEZ.- Es como Antonio Ozores sin gracia.

PUTITO BERNI (sin comentarios).

RUFIÁN.- Chuleta orgulloso de su apellido.

SANTOS Cerdan León en este caso los apellidos le hacen más justicia que el nombre.

SUSANITA Y SU RATÓN.- (Del ordenador).

YOLANDA YA SE FUE.- (Pero ella se resiste).

COSAS DEL COVID

Parte I

SÁNCHEZ SIMÓN E ILLA EN EL PAÍS DE LAS MASCARILLAS

Tenéis que decir que las mascarillas no sirven y menos las egoistas y que no es obligatorio usarlas, porque no tenemos, que los chinos nos han engañado. Si acaso en los autobuses y eso.

Si amo.

Ahora tenéis que decir que funcionan solo a veces.

Si amo.

Simón, tienes que decir que las buenas son las FFP2. Pero eso no era un módulo de formación profesional?, que no Simón que eso era con una sola F. Aunque ahora que lo pienso Tenéis que decir que las susodichas FFP2 son una caca porque Ayuso las está regalando y que, ahora sí, las mascarillas serán obligatorias. (Cambios de opinión).

Parte II

SUPERSANCHEZ SS en el papel de Supercicuta.

DON SIMÓN VC (vino de cartón) y el ministro Illa (milla) en el papel de subalternos y la colaboración especial de Chiqui Montero como presentadora.

Usos que se pueden dar a las mascarillas 1 2 3 responda otra vez:

Milla: de brazalete, de gorro para bautizo, como disfraz de tuerto, como método anticonceptivo (no reutilizar las desinfectadas con lejía), como barquito de papel, como Monedero.

VC de muñequera, de cofia, de bufanda, de disfraz de unicornio, como pendiente, para recoger las cacas de las mascotas (se aconseja no reutilizar), como bolsito de mano, como Errejón.

Chiqui: Alto ahí Simón, "organisación", que esos son de Podemos. Consultemos con SS.

SS: De ninguna manera, campana y se acabó.

Chiqui: jefe, que digo yo que las mascarillas pueden servir para algo más no te parece?

SS: ah sí, creo que para los cirujanos, las alergias y para prevenir otras enfermedades, pero eso es lo de menos.

Evolución de los afectados por el desempleo en España.

ERES, ERTES, HARTOS Y HASTA LOS HUEVOS

Sanchez prefiere el Falcon al Desfalcon, pero no solo por el avión, sino por la serie "Falcon Crest" de Ángela Channing. Al parecer algunos de sus correligionarios prefieren el Desfalcon mientras que otros, incluido él, opinan que son compatibles.

Seguro que a estas alturas habrán adivinado que no soporto al presidente Sánchez entre otras cosas por su cinismo y por el tono lastimero que adopta cuando intenta convencer al personal de cualquier ocurrencia. Creo que ya no convence a nadie, ni siquiera a los de su cuerda, pero lo aguantan porque fuera de la mamandurria hace muchísimo frío.

Así como Sanchez podría ser el hijo tonto de ZP o el "madurito", Feijo podría ser el hijo tonto de Rajoy. De momento es blandito. Ya veremos.

Después de la espantada Olona tiene, a mi juicio, dos opciones: abandonar la política o explicar con claridad las razones por las que no se quedó en Andalucía, aunque el macho alfa no le va a la zaga, dijo como ella que se quedaría en Madrid como diputado de la oposición y duró 3 días.

La Yoli-Chuli ha inventado un nuevo tipo de trabajo: el pijo discontinuo que, aunque no trabaja casi nunca, tampoco figura como desempleado. ¿A que es muy guay?

Si la Chiki Montero tiene la suerte de ser, otra vez en su vida, ministra de Hacienda creo que presentará los presupuestos en una farmacia con la ayuda de Ricolas y Juanolas porque las necesita para hacerse entender.

Dicen las malas lenguas que la "Boa Constrictor" se ha engarranchao, desde el ministerio de hacienda, al cuello de los españoles y los está dejando sin respiración y, sobre todo, sin dinero. Por su parte el "Bobo Constructor" alias el Idealista va a construir no se cuantas viviendas, en el momento que encuentre el suelo idóneo para ello claro que, desde el Falcón, es muy difícil adivinar donde están los solares adecuados aunque, pensándolo bien, este pánfilo es capaz de construir en el mar mediterráneo.

El PSOEZ es un partido político que resulta de añadir a Psoe la última letra del apellido de su actual secretario general. Ya lo intentó ZP pero la suya era la primera.

Que bonicos se ven en el congreso aplaudiendo como focas (Chiqui se lleva la palma de las palmas) tras cada intervención de los suyos, con independencia de si lo han hecho bien o mal, eso sí el golpetazo impostado al pobre micrófono no falla nunca. Con qué afán llevan sus "tochos" de folios cuando presentan alguna demanda. Pero lo que supera el mayor de los ridículos es cuando se presentan en pareja sujetando un libro, gordo, como el de Petete con los Presupuestos Generales del Estado del que, apenas, habrán leído un pequeño resumen. Últimamente el libro se ha reducido a una tableta, un pendrive o un CD.

Aunque el acabose llega cuando el "patas y el coletas" se saludan con el codazo del covid.

"EPISTOLETARIO" DE SALIDA (que le siente bien la comida de las 17h).

La primera una carta de amor, seguida de un retiro espiritual (6 días) para decidir si dimite o si da otro paseo en Falcon.

La última una de pedir perdón acompañada de una consigna para sus correligionarios en los siguientes términos:

ACHICHARRADOS (Montero).

DECEPCIONADOS.

DEFRAUDADOS.

OFENDIDITOS.

REPUGNANCIADOS.

TRAICIONADOS.

Y la "consigna Magna": aquí no dimite ni dios es decir hay que hacer un Rubiales, pero con final feliz.

Por cierto, no se crean lo de que a las 5 de la tarde no había comido, lo que pasa es que está haciendo ayuno intermitente.

PALABRAS UTILIZADAS EN MI PUEBLO
QUE NO APARECEN EN EL DICCIONARIO DE LA REAL
ACADEMIA ESPAÑOLA DE LA LENGUA

AFOLILLÁ.- Estropeá, tenía una pierna ...

AGUACHIRRI.- Deformación de aguachirle con el mismo significado.

ATACARSE.- Ajustar el cinturón (supongo que vendrá de la preparación del soldado ajustándose el correaje al oír la orden de "al ataque").

BICHARRACO,- Forma de llamar a un individuo taimado y caradura.

BICHUCHOS,- Pequeños restos de suciedad que se acumulan entre los dedos de los pies.

LUTO.- Suciedad entre las uñas y los dedos (uñas de luto).

CANICAS.- jugábamos en mi pueblo a las "bolas" y de ellas, las grandes se llamaban "rorras" y las pequeñas (más lógico) menuillas.

CUERITOTES.- Nos decían de pequeños cuando nos desnudaban antes de bañarnos.

CUSCURRÓN.- Sueño brevísimo que para algunos es suficiente, e incluso, reparador. El término cuscurro hace alusión a la parte externa más quemada de un trozo de pan. No alcanzó a relacionar ambas acepciones (perdonar las gachas por los cuscurros).

ENTANGARILLAO.- Preparar y dejar listo para construir o reparar.

ESABORÍO.- Simple, sin gracia.

ESENTO.- Ansioso, dispuesto a aprovecharse de cualquier cosa que sea gratis.

ESCALABOCINARSE.- Caerse de cabeza sobre un plano duro desde una altura indeterminada. También esnoclarse (desnucarse).

CHIFARRA.- Herida de poca importancia tras un golpe con objeto contuso o punzante. Es posible que esté relacionado con chichón.

COMISTRAJA.- Deformación de comistrajo (mezcla extravagante de alimentos) similar a julepe.

FALTUCO, FARTUZCO.- Disminuido psíquico, tonto, corto de inteligencia.

FOLITRACO.- Loco.

GALIPUCHE.- Especie de potingue casero.

JAULEAR.- Mimar, acicalar, hacer cucamonas a los niños.

MANOTA.- Deformación de manopla (para lavarse la cara).

MIAJÓN.- Deformación de Migajón.

PASABOLÍN.- Pasar el trapo por los muebles haciendo una limpieza muy superficial.

SAQUITO.- Jersey o rebeca pequeños, se emplea también en la provincia de Jaén.

SOSTRAZO, TRAPAJAZO.- Ambos significan porretazo.

JULEPE.- En las distintas acepciones de la RAE no figura la que empleamos en mi pueblo, que se relaciona con una comida escasa, poco consistente y poco elaborada.

ALBARICOQUES.- Tontos.

ZANCAJO.- Agujero que se produce en un calcetín (más frecuente en la parte del talón).

PALABRAS QUE CONTIENEN LAS CINCO VOCALES

Cuando nos preguntan por palabras que contengan las cinco vocales, solemos pensar en murciélago y también en ayuntamiento aunque esta última menos citada. A este respecto he podido comprobar que existen muchas más, no obstante pasaré a mencionar aquellas que, conteniendo las cinco vocales, no repite ninguna.

MURCIÉLAGO.

ARQUETIPO.

ACUÍFERO.

ALUNICERO.

AUDÍMETRO.

AUTÉNTICO.

CURIOSEAR.

JERÁRQUICO.

REPUBLICANO.

REPUTACIÓN.

NEUMÁTICO.

REUMÁTICO.

REUMATISMO.

REGULACIÓN.

PELIAGUDO.

Pues bien, como podrás comprobar a continuación, he recogido más de 30 palabras que contienen las cinco vocales con independencia de que alguna de ellas se repita o no. Como afirma la periodista María Irazusta en su libro titulado "Las 101 cagadas del español" (quede claro que un servidor no ha tenido nada que ver con dicho título) en el que da varios ejemplos, me he permitido rescatar y escribir algunas de ellas y otras muchas de mi cosecha.

ACEITUNERO.

AYUNTAMIENTO.

ACUITAMIENTO.

AERONÁUTICO.

ANTIRREUMÁTICO.

ARGUMENTACIÓN.

ARGUMENTATIVO.

ARGUMENTARIO.

AUMENTATIVO.

AUTOEXCLUIDO.

AUTOEXPLORACIÓN.

AUTODETERMINACIÓN.

AUTORIDADES.

EQUIPACIÓN.

EQUIPARACIÓN.

EQUITACIÓN.

FARMACÉUTICO.

NEUROLOGÍA.

OCULTAMIENTO.

PLURIEMPLEADO.

PSICOTERAPEUTA.

REANUDACIÓN.

RECUPERACIÓN.

TERAPÉUTICO.

REPUBLICANISMO.

UNIVERSITARIO.

Estoy seguro de que podría encontrar algunas más, pero creo que son suficientes para demostrar que no es difícil rebatir esas creencias que todos damos a veces por verdades incontestables y que están muy lejos de serlo. Podría también hacer juegos malabares analizando estas palabras en cuanto a que son más o menos comunes o que contienen más o menos repeticiones de vocales, etc. etc., pero creo que como muestra es suficiente.

Sigo:

ARQUITECTO.

ARQUETIPO.

ESCUÁLIDO.

AUTÉNTICO.

RETICULADO.

REPUDIADO.

ESQUILADO.

COMUNICANTE.

ADULTERIO.

ECUACIÓN.

ENCUBRIDORA.

DENUNCIADO.

ENUNCIADO.

ESTIMULACIÓN.

ESTIMULADOR.

EUCALIPTO.

IRRESOLUTA.

METICULOSA.

MILONGUERA.

PERTURBACIÓN.

Por último nombres propios y diminutivos que también contienen
las cinco vocales:

AURELIO, EULALIO, EUFRASIO, EUSTAQUIO.

ABUELITO.

DE MIS NIÑOS (nietos)

CARLOS

A los 18 meses, se pasa el día persiguiendo su sombra y desde que aprendió a hablar: Mami, ¿qué hay de segundo?

2 AÑOS

Identificaba el Río Genil.

Gofetón por bofetón.

2 AÑOS Y MEDIO

Habichuelita se está quemando (cuando vió una ecografía realizada a su madre embarazada de unas pocas semanas).

3 AÑOS

Abuelo, ¿tú qué quieres ser de mayor?

Tienes que ser bueno, porque la abuela Araceli está muy malita. Pues ponle una tirita.

A su madre: pues me tienes que atender, a un niño no se le deja solo.

4 AÑOS

La tía Mamen dice que es pequeña porque nació así. Carlos le dice yo te veo muy guapa.

Abuela Abul: es que eres muy maestra.

Mamen no aprietes tanto que te quedas sin tu niño bonito.

A un compañero de clase: mi hermana no me deja dormir, por la noche llora y por el día chilla.

Se pilla un dedo, con una puerta, y dice que no puede soportar el dolor. Más tarde en la sala de espera: ¿todos esos también están malitos?

Su madre: tengo que hacer las tareas del hogar, trabajar y cuidar de los niños y dice Carlos: pues como todas las madres.

Su madre le dice que lo quiere muchísimo y Carlos le dice: ¿no te queda algo para mi hermana?

5 AÑOS

Soy leal y sincero, porque leo mucho y nunca me han puesto un cero.

No me regales más cuentos yo no soy leísta, quiero coches.

6 AÑOS

A su madre en casa de su tía Tota : Tú aquí no mandas.

Carlos a su madre, la tía tota es frutariana no vegetariana.

A su tía Mamen: por qué te preocupas si no soy tu hijo.

Me voy al comedor porque molesto.

7 AÑOS

A su padre: te quiero mucho pero más a mamá porque es muy guapa. Tu eres normal y refiriéndose a su hermana: "llévatela".

Padrástrofo por Apóstrofo.

Preparándose para la primera comunión: Hoy tengo KARATEQUE-SIS.

ALICIA

2 AÑOS

De día sí hay teta (su madre le decía que solo de noche).

Carlos "ponió" el pie en la ventana.

Ahora mismo.

Se fue sinmigo (a su padre).

Ese tío es tonto…y feo.

Tarlos no digas tonterías.

Tarlos no torras que te mueres.

Váyate con Mamen, que es tu hermana (a su abuelo).

3 AÑOS

La Birria por la Biblia.

Ahora que está libre el sillón del abuelo.

Aquí no está tu hijo y no te oye, está en la terraza (a su madre).

Contigo no estoy hablando (a su hermano).

Carlos te vas a eleccrotucar.

Salailla porque tiene sal.

4 AÑOS

Mencionó la palabra "Crisálida".

El cojín ha cobrado vida.

A su madre cuando les dijo que la ayudaran: No mamá que estamos jugando, tú ya has disfrutado de tu niñez ahora nos toca a nosotros.

Esta piedra es perfecta para mí tamaño.

5 AÑOS

He tomado una mala decisión.

6 AÑOS

MAMI, chillas mucho, te vendría bien irte de viaje.

7 AÑOS

Eres una egoísta (a su madre que no la dejaba meterse en su cama).

RAYUELA.- Tito te has fijado que en el suelo de mi casa hay una RAYUELA?

No me he fijado, ¿la has pintado tú?

No, es por los patrones naturales del suelo.

CONSEJOS

ABRIR BOTES.- Goma alrededor de la tapa, la ideal es la que se utiliza rodeando el brazo, en las extracciones de sangre, aunque también vale un guante de caucho.

DOCTOR.- Cuando tengas que ir al médico conviene que lleves una lista (como la de la compra) para no olvidarte de lo que has de preguntarle.

HIPO.- Tomar una cucharada pequeña de azúcar (abstenerse diabéticos).

CISTERNA.- Cuando pierde agua o no se llena, mantener pulsado el pulsador (valga la rebuznancia) o pulsarlo repetidamente para que pueda llenarse (modo metralleta), aunque si el pulsador no está fijo basta con moverlo lateralmente para que se inicie el llenado.

PAPEL REGALO.- Abrir solo un extremo del envoltorio, con cuidado, y deslizar la caja hasta extraerla por completo y a continuación deshacer el procedimiento.

ESTORNUDO.- Para evitarlo presionar uno o ambos lados o la punta de la nariz hacia arriba.

PÁJAROS.- para ahuyentar y expulsar a cualquier ave que se cuela en tu casa, es conveniente hacerlo con la protección de un paraguas abierto.

ESTREÑIMIENTO.- Agua caliente bebida, aceite, salvado de trigo, frutas con fibra (pasas) y lo más importante: CAMINAR, como mínimo, 15 minutos al día.

MOSQUITOS.- Las siguientes plantas son buenas para combatir insectos: geranios, ajenjo, caléndula y albahaca,lavanda, romero, melisa, salvia, plantas carnívoras y menta (lo mejor la manzanilla o una mosquitera).

PANTALONES.- A partir de los 60 te aconsejo Que para ponerte o quitarte los pantalones lo hagas sentado y más aún si son de pitillo o simplemente estrechos.

Son frecuentes las caídas que se producen al hacer este gesto y en el peor de los casos, si lo haces de pie, busca una superficie de apoyo estable.

Las personas mayores que vayan a realizar movimientos que impliquen giros y lateralidad han de realizarlos con mucho cuidado, porque, dichos movimientos, aumentan el riesgo de caídas con graves consecuencias.

Cuando pierdas momentáneamente un objeto pequeño, lo sueles tener "delante de tus narices". Búscalo cerca y lo encontrarás.

TELÉFONO MÓVIL.- Para llevarlo mientras caminas, hacer un falso bolsillo con la camisa o el jersey entre la propia camisa y la parte posterior e interior del pantalón.

DEL TIEMPO.- Si dudas a la hora de pronunciar estas palabras metereología o meteorología piensa en "meteoro".

PALABRAS CURIOSAS

ANATEMA.- Maldición, imprecación, excomunión.

ÁGORA.- Plaza pública en la Grecia antigua, reunión, asamblea.

ALARIFE.- Maestro de obras.

ALMINAR.- Lugar de luz.

ALMOCRI.- Lector del Corán en las mezquitas.

ALFÉIZAR.- Pollete de la ventana.

ALMOGÁVARES.- Ejército de élite de la Corona de Aragón.

DIMIES.- Personas que viven en un territorio invadido por el Islam a las que se le permite conservar su fe.

DHIMMIS.- Gentes del libro.(así llamaban los árabes a los creyentes en religiones monoteístas).

MULADÍES.- Cristianos hijos de matrimonio Cristiano-Musulmán, convertidos al Islám que adoptaron la cultura y las costumbres árabes.

ADARVES Callejones ciegos y oscuros.

LA KAABA.- Piedra cúbica, monolito sagrado de los musulmanes.

MASTABA.- Tumba funeraria egipcia de base rectangular.

MIRAMAMOLÍN.- Príncipe de los creyentes, cuarto califa de la dinastía almohade (Navas de Tolosa 1212) enfrentado a Alfonso VIII.

MORISCO.- Musulmán que se quedaba a residir en España después de ser bautizado a la fuerza.

MOZÁRABE.- Español que vivía en la España musulmana, consentido por el derecho islámico, conservando su religión cristiana.

MUDÉJAR.- Musulmán al que se le permitía seguir viviendo en su lugar de origen conservando la práctica de su religión.

MARRANOS.- Judios conversos.

OPTIMATES.- Aristócratas romanos.

APOLOGETA.- Defensor de una doctrina o credo, principalmente religioso.

ESCRIBA.- Doctor e intérprete de la ley, en la antigüedad amanuenses.

EXÉGETA.- Persona que expone o interpreta un texto, intérprete.

GRIMORIO.- Libro europeo de conocimientos mágicos utilizado por los antiguos hechiceros entre los siglos XIII Y XVIII (eso sí que es un palabro).

ZELOTES.- Pertenecientes a grupo judío de religiosos radicales.

LATINAJOS

En general lo mejor es no usarlos salvo que se esté muy seguro y hay que escribirlos sin utilizar comillas o en cursiva y sin tildes. Muchos están castellanizados.

AD HOMINEM.- Argumento contra la persona y no contra su tesis.

AD CALENDAS GRAECAS.- Es decir nunca.

ALMA MATER.- Madre Nutricia, relativo a la universidad.

ALTER EGO.- Otro yo.

ALEA IACTA EST.- La suerte está echada (Cesar, exámenes, matrimonio, etc.)

A PRIORI Antes de.- (un amigo emplea también a anteriori).

CASUS BELLI.- Hecho que desencadena la guerra.

CORPORE IN SEPULTO.- De cuerpo presente, sin sepultar (no confundir con coitus interruptus, que eso es otra cosa).

CUM LAUDE.- Máxima calificación académica.

CURRICULUM VITAE.- Carrera de vida (de lo que carecen una buena parte de los políticos en la actualidad).

DESIDERATUM .- Deseo que aún no se ha cumplido, el no va más.

HABEAS CORPUS.- Derecho a ser oído por un juez.

GROSSO MODO.- Sin precisión, más o menos (sin la a previa).

IUS PRIMAE NOCTIS.- Derecho de pernada.

MEMENTO MORI.- Recuerda que vas a morir.

STATU QUO.- Estado de las cosas (antes de una guerra por ejemplo), no STATUS.

MOTU PROPRIO.- Por propia iniciativa (de motu... es incorrecto).

ESTADIO.- Sin tilde, lo normal es emplearlo con acento en la i, pero no es correcto.

ECCE HOMO.- He aquí el hombre (Cecilia Jiménez, desgraciadamente, lo restauró).

EX AEQUO.- Ganadores del premio, de lo mismo, a partes iguales

EX LIBRIS.- Desde los libros, sello al principio de la obra.

EX PROFESO.- Intencionadamente, Aposta, Ad Hoc.

GRATIS ET AMORE Gratuitamente, de gracia y por amor (de Dios).

MODUS OPERANDI.- Modo de actuar para alcanzar un fin.

MANU MILITARI.- Por la fuerza de las armas .

MUTATIS MUTANDI.- Cambiando lo que haya que cambiar.

IPSO FACTO- De facto, de hecho, aunque se emplea más como "de inmediato".

IN FRAGANTI.- En flagrante delito, esta castellanizada. (No confundir con infreganti).

IN DUBIO PRO REO.- Ante la duda siempre a favor del reo.

IN PECTORE.- Mantener en secreto sin anunciarlo (electo es otra cosa).

IN ALBIS.- En blanco.

IN MEMORIAM. - En recuerdo a persona fallecida.

IN SITU.- En su lugar original (cáncer), también sobre el terreno.

NON PLUS ULTRA.- No más allá.

PER SE.- Por sí mismo.

PER ASPERA AD ASTRA.- Camino difícil hacia las estrellas.

PER CAPITA.- Por cabeza (si fuera por barba se beneficiarían las féminas a la hora de pagar).

POST MORTEM.- Después de muerte.

PRIMUM VIVERE DEINDE PHILOSOPHARI.- Primero vivir, después filosofar.

PRO DOMO SUA.- Por su casa, en provecho propio (Cicerón).

SENSU STRICTO.- En sentido estricto.

SUI GENERIS.- Único en su especie.

SURSUM CORDA.- Arriba los corazones (esta me encanta).

TEMPUS FUGIT.- El tiempo vuela.

ULTIMATUM.- Última oportunidad.

URBI ET ORBI.- Bendición universal.

VELIS NOLIS.- Por fuerza, quieras o no quieras (sí o sí que se dice ahora).

VENI VIDI VICI.- Llegó vió y venció (Julio Cesar), Vinicius no viene del latín.

VOX POPULI.- Voz del pueblo (nada que ver con un partido político español).

REMATAR- En mi opinión esta es una palabra imposible, no se puede matar lo que ya está muerto y no solo se emplea para un segundo tiro de bala sino para uno de balón, que no es precisamente un aumentativo de bala.

A MÍ ME GUSTA... Opino que esta expresión es una redundancia que se emplea muy a menudo. Me gusta... sería más correcto. Subir arriba o Bajar abajo entrar adentro, salir afuera son, curiosamente, aceptados por la RAE, ya que las cataloga como: pleonasmos o expresiones redundantes pero expresivas y útiles en la lengua hablada.

MÚSICA.- No sé si han reparado en la poca calidad de la música que trata de ambientar las tiendas y grandes superficies, compitiendo en mediocridad con canciones casi siempre en inglés que acompañan a buena parte de los documentales televisivos. En Andalucía, casi todas las canciones en inglés.

GUARDIA CIVIL.- Los pobres guardias civiles han pasado de llamarse números a efectivos incluso indicativos, palabro que pronunció, no hace mucho, un periodista o aprendiz de periodismo. También binario para referirse a la pareja clásica de La Guardia Civi.

OPERATIVO.- Y, por si fuera poco, últimamente he escuchado operativa.

CIGARRO.- Siempre me he preguntado por qué cuando alguien te pide fuego o intenta encender un cigarrillo, lo rodean con la mano cóncava aunque no corra el más mínimo soplo de viento.

MODA.- Los que van a la moda dicen que se resfrían por los pies y no me extraña con esos pantalones pesqueros y los pies desnudos, yo les recomendaría que, en lugar de kleenex usen calcetines.

COLMOS.- El colmo de un ornitólogo es que su mujer se la pegue con un canario, el de un ciclista, que le salgan varices en las piernas y el de la idiotez, comprarle garrapiñadas a su pareja cuando acaban de sacarle una muela.

PUERTAS.- Las puertas de una sola hoja no se podrán nunca abrir o cerrar de par en par.

PISCINAS.- A menudo y, coincidiendo con el verano, se produce un fenómeno que no he llegado a entender y que consiste en que, a los bañistas, les debe atacar una especie de virus que les hace reír y gritar sin parar. He pensado que quizás añadan al agua una sustancia similar al gas de la risa y que produce el mismo efecto.

TELÉFONOS.- Mencionando con admiración al maestro Gila y, al margen de las llamadas inoportunas que no precisan explicación, hay dos frases que hablan por sí solas que son: para los móviles "hazme una perdida" que seguramente no gustará a las, los, les feministas y para cualquier teléfono "te voy a colgar". Ahí lo dejo, por cierto "eres más antiguo que un teléfono fijo". En este sentido, llamar por teléfono a organismos (oficiales o no, incluidas empresas unipersonales) se ha convertido últimamente en un objetivo casi imposible y, sobre todo, frustrante. Es una prueba de resistencia que te impide conservar la calma y te lleva incluso a discutir, pelear o insultar a la máquina contra toda lógica. Estoy seguro que me van a entender porque la mayoría ha enfrentado alguna vez esta situación.

ECOLOGÍA.- Tengo la impresión de que muchos falsos ecologistas, a los que yo llamo ecologetas, están muy a favor del plan-eta.

CARRITO.- Que manía han cogido los políticos, últimamente, con el carrito del helao (les han pillao). Qué pecado habrá cometido el pobre carro para estar, a todas horas en boca de nuestros gobernantes, aunque pensándolo bien es muy probable que, la mayoría, teman ser pillados.

CINE.- El tiempo que tarda un escritor en describir cualquier imagen lo reduce, extremadamente, una cámara de cine o televisión, a poco más de un instante. Todo ello sin Menospreciar la literatura.

ESCATOLOGÍA.- Estudio de las cosas finales, en relación con la teología. esta acepción es difícil de compaginar con otra que se refiere al producto final de la digestión que se elimina por el recto.

DIÓGENES.- En el fondo todos tenemos algo de síndrome de Diógenes, yo que he tenido que hacer varias mudanzas siempre caigo en el mismo error. A la hora de eliminar libros, mobiliario y otros enseres me cuesta mucho desprenderme de ellos aún sabiendo que su utilidad es, como mínimo, cuestionable.

GPS.- Cada vez que le pido ayuda, en el coche, para llegar a una dirección concreta empieza el sufrimiento. De entrada me indica que a equis metros tome la calle no "sé cuantas" hasta llegar a otra que tampoco sé cuál es, ya que por el nombre es difícil de localizar incluso andando. Y otra indicación es: diríjase al oeste o a otro punto cardinal sin tener en cuenta que la mayoría de los seres humanos no tienen desarrollada la facultad de orientarse correctamente. Sería más eficaz seguir la letra de una de las canciones del dúo la Yenca: IZQUIERDA (bis) DERECHA (bis) ADELANTE y ATRÁS 1-2-3.

ZAPATILLAS DE DEPORTE.- gracias al payaso Emilio Aragón, que trajo la moda de América, el "uniforme" de los famosos y no famosos (igualmente capullos) es presentar y presentarse en cualquier acto con traje y mandar al chiquilicuatre al festival de Eurovisión y así, degenerando y degenerando hemos llegado a la presentación de los JJOO de París para acabar con lo poco que queda de civilización occidental y lo peor es que aún no hemos tocado fondo.

MALLORCA.- Buena parte de los Mallorquines suelen acabar "ensaimismados".

NOMBRES *INAPROPIADOS* TÍPICOS DE LA COCINA ESPAÑOLA

Aceitunas violadas o KIMBOS (aceitunas perforadas por pepinillos).

Atascaburras, ajo arriero o ajo atao (muy parecidos, patatas, aceite, ajo y bacalao).

Ajo mataero.- Es una variante del Morteruelo conquense con hígado carne de caza y pan.

Callos (a partir de la pata y el vientre de la ternera, el primero más frecuente).

Chochos (altramuces).

Duelos y quebrantos Revuelto de Chorizo y tocino de cerdo entreverado CLM.

Manitas de cerdo.

Matemáticos.- Sopa andaluza con verduras y un poquito de pescado que casi acaba con el marido de turno.

Matasuegras.- Postre murciano de galletas y crema.

Morralla.- Mezcla de pequeños peces de diferentes especies.

Olla podrida.- Variante de cocido que ya se comía en la edad media.

Paella de ratas (así era la Paella original en la albufera valenciana).

Patamulo.- Queso manchego de oveja.

Pochas (variedad de judía blanca que se consume antes de su madurez).

Regañá Torta de pan pequeña, fina y crujiente.

Ropa vieja.- Cocido con carne deshebrada de la falda de la vaca.

Zarangollo.- Fritura de calabaza (Murcia).

Zurrapa.- Embutido hecho con carne deshilachada y manteca de cerdo (de origen malagueño).

ABEL.- Antónimo de Caín.

ABELARDO.- El anterior quemándose.

ABIGAIL.- Telenovela.

ALVINO.- Blanco lechoso asiduo del bar.

ALEJANDRO.- Nombre de varón distante.

ALEJO.- Que se distancia con facilidad.

ALENGENDRO.- Como Alejandro pero deforme.

ANA.- Capicúa.

ANDRÉS.- Que solo lo quieren por el interés.

ÁNGEL.- Demasiado bueno.

ANTÓN.- Animalista desde el nacimiento.

AGUSTÍN.- Filósofo al que no le gusta ser molestado.

APOLONIO.- Tóxico, el guapo era Apolíneo.

ARSENIO.- Venenoso.

ANASTASIO.- De origen ruso.

ATANASIO.- Anterior disléxico.

ÁUREA.- Dorada o lubina.

BALDUINO.- Rey que se hizo un "Pilatos" (aborto en Bélgica).

BALBINO.- Natural de Bilbao (estos nacen donde quieren).

BALTASAR.- Rey mago negro o pintado.

BÁRBARA.- Mujer hirsuta (antiguamente trabajaba en el circo).

BENIGNO.- Aunque se puede malignizar.

BENITO.- Del norte.

BENJAMÍN.- Botellín de champán.

BERTÍN.- Osborne.

BORJA.- Nada que ver con la familia (borgia).

BOSCO.- Bosque. Pintor famoso.

BIENVENIDO.- Pero no siempre.

BLAS.- Que te vas.

BRÍGIDA.- Sexualmente poco activa.

TIMOTEO.- Dios del engaño.

BRUNO.- Todo lo ve negro.

CALISTO.- Novio de Melibea.

CÁNDIDO.- Individuo ingenuo infectado por hongos.

CASIMIRO.- Al salir del confesionario.

CATALINA.- Prueba un poquito de queso, de vino, de…

CECILIA.- Todo por la música.

CIRO.- Rey Persa (mi perro se llamaba así).

CLARA.- Mujer con cara de huevo.

CRISTINA.- No todas son cristianas.

DANTE.- Alighieri (dante prisa).

DAVID.- Antónimo de Goliat. (Miguel Ángel, Bustamante, Bisbal…).

DESIDERIO.- Hombre objeto.

DIEGO.- Donde dije digo…

DIMAS.- Y diretas.

DOLORES.- De cabeza, de barriga…

DOMINGO.- Siempre de fiesta.

EXPEDITO.- Contundente.

ELISEO.- Donde siempre, al fondo a la derecha.

ELADIO.- De cucurucho.

ELÍAS.- El del carro.

EUGENIO.- Que explica los chistes (como todos los catalanes).

ELOY.- El presente (con falta incluida).

ENGRACIA.- Después de confesar.

EPIFANÍA.- Seis de enero, ilusión infantil.

ESPERANZA.- La que nunca se pierde.

ESTANISLAO.- A este si que lo han pillao.

EUGENIA.- Casada con un genio.

EULOGIO.- Generoso en los piropos.

EUSTAQUIO.- El de las trompas.

EVARISTO.- Dicen que lo han visto.

FABIO.- Habichuelo.

FÁTIMA.- ¿Milagro?

FEDERICO.- Frigorífico según Eugenio.

FABRICIO.- Huele a mafia.

FAUSTINO.- Pariente de Fausto que gusta de empinar el codo.

FELIPE.- El de la gripe.

FERNANDO.- Que es gerundio.

FIDEL.- Hasta que deja de serlo.

FLORA.- Encadenada a la fauna.

FRUTOS.- Naturales o secos.

GABRIEL.- Arcángel sin espada.

GASPAR.- Rey mago blanco.

GASTÓN.- Manirroto.

GUADALUPE.- Escupe.

GREGORIO.- Con la A Subalterno.

HÉCTOR.- Se armó la de Troya.

HÉRCULES.- El de las columnas.

HOMERO.- El de la "Iliada".

HONORIO.- La charanga.

HUGO.- Higo en francés.

INMACOLADA.- Empleada en una lavandería.

ILDEFONSO.- Pariente de Alfonso.

INÉS.- Hay que preguntar a Don Juan.

INOCENCIO.- Sinónimo de Cándido, pero sin hongos.

INOCENTE.- Que juega con ventaja en los juicios.

IGNACIO.- Que no te confundan Con Ignecio.

IRINEO.- Suena a Semana Santa.

ISABEL.- Reina que le gusta el atún.

ISIDRO.- Se ha comido una letra.

JERÓNIMO.- Indio importante.

JESÚS.- Hombre Salvador.

JOB.- Paciencia.

JOAQUÍN.- Cuéntame un chiste.

JORGE.- Hombre gárgaras.

JOSÉ.- P.P. Aunque entonces no había elecciones.

JUAN.- Número uno en inglés.

JULIO.- Emperador en verano.

JUSTINO.- Que Cabe por un pelin.

JUSTO.- Que cabe por un pelo.

LEO.- Haces muy bien (y los 3 siguientes también).

LEONARDO.-

LEONCIO.-

LEOPOLDO.-

LIDIA.- Aficionada a los toros.

LUCAS.- Hasta luego.

ORETO.- Suena mejor con la L delante.

MANUEL.- Feliz año nuevo.

MARIO.- Esposo sin acento.

MAURO.- Le falta una D para que se pueda comer.

MARCOS.- Decorador y Evangelista.

MELCHOR.- Rey mago blanco.

MERLÍN.- Mago simplemente.

LÁZARO.- Resucitado, si es pequeñito puede hacer de guía.

LORENZO.- A la parrilla.

MAGDALENA.- Pa comersela.

MARTÍN.- Pájaro aficionado a la pesca.

MATÍAS.- Se complica mucho al añadir "gali"por delante.

MATILDE.- Sin acento.

MONTSERRAT.- Prefiere la montaña.

MOISES.- Cesta de mimbre.

MARCELINO.- Pan y vino.

MÁXIMO-LIANO.- Lo más (ambos).

MEDARDO.- Peligro si es venenoso.

MIGUEL.- Arcángel con espada.

NARCISO.- Hombre florero.

NEPOMUCENO.- Demasiado difícil.

NICOLÁS.- Gordo que compite con los reyes magos.

NORBERTO.- Entre Alberto y Roberto.

NORMA.- Regla, pauta…, "revista".

PABLO.- El amigo de Pedro que se cayó del caballo.

PASCUAL.- Feliz Navidad.

PEDRO.- Piedra. Actualmente pedrusco.

PERFECTO.- No conozco a ninguno.

PLATÓN.- Filósofo enamoradizo.

PRUDENCIO.- Antónimo de Atrevencio.

PILAR.- Columna, sostén, sujetador.

PRISCA.- Dueña del aprisco.

RICARDO.- A veces se puede añadir Borriquero.

ROMUALDO.- Primo del hermano de Remo.

ROSARIO.- Habitual en las iglesias de religión católica.

RUBEN.- El primero de la docena.

SANTIAGO.- El que cierra lo poco que queda de España.

SEVERO.- Profesor recto, con muchos menos conocimientos que S. OCHOA.

SOTERO.- Y entero.

SOLEDAD.- Mejor que mal acompañada.

SIXTO.- Anterior al síptimo.

TELMO.- Caliente caliente.

TERESA.- No todas son santas.

TOMÁS.- En Argentina qué tomás.

VÍCTOR.- o Victoria, depende del momento y la circunstancia.

ULPIANO.- Predestinado a tocar un instrumento de cola.

UBALDO.- A un paso de BALDOMERO.

VALENTÍN.- Hombre arrojado con síndrome de Peter Pan.

VALERIANA.- Pareja para los insomnes.

VICENTE.- Donde va la gente.

VISITACIÓN.- Ha dejado de estar de moda.

Pues bien, hasta aquí he llegado, aunque no me resisto a añadir una última "palabreja" que estoy seguro que repetirán como papagayos políticos y periodisctas: ORDINALIDAD, que debe ser una mezcla entre ORDINARIEZ y ORIGINALIDAD, que tiene que ver con el reparto equitativo entre autonomías y que por supuesto no figura en el diccionario de la RAE.